U0589994

增广贤文
传世智慧

小白先生　编著

SPM
南方传媒　花城出版社

中国·广州

图书在版编目（CIP）数据

增广贤文传世智慧 / 小白先生编著. -- 广州 ： 花城出版社，2024. 8. -- ISBN 978-7-5749-0289-3

Ⅰ．H194.1

中国国家版本馆CIP数据核字第20242GL254号

书名题字：谢光辉

出 版 人：张 懿
责任编辑：林 菁　杨柳青
责任校对：汤 迪
技术编辑：林佳莹
封面设计：庄海萌

书　　名	增广贤文传世智慧
	ZENGGUANG XIANWEN CHUANSHI ZHIHUI
出版发行	花城出版社
	（广州市环市东路水荫路 11 号）
经　　销	全国新华书店
印　　刷	佛山市浩文彩色印刷有限公司
	（广东省佛山市南海区狮山科技工业园 A 区）
开　　本	880 毫米×1230 毫米　32 开
印　　张	10. 375　1 插页
字　　数	174,000 字
版　　次	2024 年 8 月第 1 版　2024 年 8 月第 1 次印刷
定　　价	49. 00 元

如发现印装质量问题，请直接与印刷厂联系调换。
购书热线：020 - 37604658　37602954
花城出版社网站：http://www.fcph.com.cn

编委会

主　　　编	小白先生
副　主　编	张国勇
编委会成员	陈子慕　周秀莲　王楚乔　惜　湲
	刘　敬　刘牧之　周苑淇

主　　　编　小白先生
副　主　编　张国勇
编委会成员　陈子慕　周秀莲　王楚乔　惜　湲
　　　　　　刘　敬　刘牧之　周苑淇

读《增广贤文》 传智慧福德

中华优秀传统文化历史悠久，博大精深，是数千年来华夏民族智慧的结晶。近现代以来，由于西方文化的传输，东方智慧经受了不同程度的挑战，甚至部分精华遭受了严重的摧残。

在单一追求更高、更快、更强的压力下，一些学校和家长盲目要求等级、学分和成绩，对历史文化等没有给予足够的重视，在教育上存在着严重缺失。不难想象，如果我们的孩子不了解中华民族的发展脉络，忘记了华夏血脉传承的源头，那该是一件多么可怕的事。

近年来，世界范围内兴起了探秘东方文化的热潮，可在国内，传统文化依然在竞赛敲门砖、高考必考点、父母炫耀的资本、饭桌和键盘上的谈资中徘徊，让传统文化融入生活，融入人心，依然有很长的路要走。

也正因为文化与心不合一的问题，在国家大力发展经济、建构制度性规范的转型期，很多人的心灵秩序并没有完全转变过来，一些人虽然享受到了物质丰足的便利，却也感受到了前所未有的"碎片化"和"无意义感"。不知道生活的意义，没有心灵的归属，缺乏认同，感觉孤独，很多人苦苦寻找幸福，却屡屡和幸福失之交臂。

面对这一系列的问题，我们应该停下来好好思考，究竟什么样的生活才是好生活，自己究竟想成为一个什么样的人，怎么样的人生才算真正有意义，而不是被网络引导，疯狂地卷自己，透支自己，绞尽脑汁地想如何才能先实现一个小目标。

为了能够让更多人重新找到自心的高贵和纯善，让失落的灵魂回归精神家园，小白书院应明代《增广昔时贤文》的作者张增广后人诚挚之请，编撰这本小书《增广贤文传世智慧》。

本书在原著庞杂的名言谚语中，努力理出"天道人运""读书明理""立身处世""待人接物"四大主题内容，又从中拣选出适合当代不同年纪、不同需求人群的警世格言，试图以良善的初心、中正的溯源、客观的释义、趣味的解读等方式，揭示古往今来存在于世的诸多问题，在古德先贤给予的诸多提醒之上，鼓励阅读此书的读者立足当下，展开思考，收获属于自己的人生答案。

作为与《三字经》齐名的古代儿童启蒙读物，《增广贤文》中有"一寸光阴一寸金，寸金难买寸光阴"等激励孩子珍惜时间、好好学习的名句，也包含"有钱能说话，无钱话不灵"这样揭露现实、犀利凛冽的文辞，不管这些文句是以正面或反面阐述，其主要目的都是引导人心向善。

尤其其中一些反讽杂句的选用,也是为了警示人们切勿混入时代的泥沙,忘却自己的真面目,希望借先贤之言对今时今日之乱象起到一定的震慑作用,故而无须对《增广贤文》或其不同版本的衍生书籍有太多顾虑,倘若对原文、出处、释义及解读进行全面通读,相信大多数人都会对句义有更多正向的认知和领悟。

除了读书学习、品德修养方面的解读外,本书还涵盖了从更为广大深远的视角,解读人生意义的内容。比如"谁人不爱子孙贤,谁人不爱千钟粟。奈五行,不是这般题目"和"地不生无名之辈,天不生无路之人"等句,就单刀直入地揭示了名利富贵等世间万象的成因,也提供了实现世间理想的具体方法和路径。除此之外,还有"公道世间惟白发,贵人头上不曾饶"等句,旨在劝诫人们努力奋进的同时,要保持冷静,避免过多的欲望和执着,激励读者探索和思考生命的终极意义。

一个人的成长需要有德,德高自然人聚,人聚自然财旺。职场晋升和企业发展也是如此。尤其对企业而言,发展依靠的已经不仅是人力、技术和资本,还需要企业文化这样的核心竞争力。

一个企业的理念初心源自什么呢?传统文化里有答案。孔老夫子说，泛爱众而亲仁，也就是说一个人要有广阔的胸襟，保持友爱，对所有人一视同仁。可以想见，以这样的心态建设团队、发展企业，多少有才之人、忠诚客户、合作伙伴会趋之若鹜。职场新人也好，管理阶层也好，甚或企业老板，如果愿意花一点时间翻一翻《增广贤文传世智慧》，一定能从中找到管理企业、提升团队凝聚力的诀窍。

有人说，身心和谐，始于仁爱；家庭和谐，始于孝悌；社会和谐，始于谨信。仁爱、孝悌、谨信等内容，本书中均有涉猎，不仅如此，关于个人成长、人际交往、夫妻关系、亲子教育、家庭关系、经营管理等诸多内容，早已被古人的智慧照见，并以言简意赅的方式呈现，如群星般在东方文化的巨幕中持续闪耀着光辉。

抬头的人，能看见；打开这本书的你，也一定能看见。

小白先生

2024 年 6 月 18 日

目 录

CONTENTS

壹　天道人运

贰 读书明理

叁 立身处世

肆 待人接物

后记

「天道人运」

壹

命里有时终须有，命里无时莫强求。

【释义】

命运中注定有的东西终究会有，命运里注定没有的东西是强求不来的。每个人的命运不同，该是你的，早晚都会属于你；不该是你的，即使付出再多，再怎么去强求，还是得不到。

【小白新读】

生活中仔细观察会发现，很多人洒下的汗水差不多，流过的眼泪差不多，甚至熬夜的程度都差不多，但得到的结果却天差地别。

事实上，一个人的成就，除了需要自身努力外，还和每个人的生命密码、生命格局息息相关。因此，当我们在不断努力的时候，可能会得到一些故事里的美好这样的回报，但这并不意味着所有的努力都一定能得到自己想要的。对于结果，不要过于执着。

▌死生有命，富贵在天。

【出处】

出自《论语·颜渊》，是孔夫子对颜渊不幸人生际遇的悲鸣。

【释义】

一个人不能完全控制自己的生死富贵，只能尽力而为。

【小白新读】

我们所处的世界，除了是人类努力创造的之外，也存在一些无形的宇宙能量，对时空进行调节，所以有时即便拼命努力，也未必能得到想要的结果。既然如此，不如轻松上路，欣赏沿途的风景。命运自会眷顾，老天也会赏饭吃。很多时候，不苛求，随遇而安，反而得到的更多。

一苗露水一苗草，一朝天子一朝臣。

【释义】

一方水土养育一方人，当权者变动，下属也相应变动。

【小白新读】

每个人能在什么样的时间、地点，怎样遇见比自己优秀、卓越的人，也就是贵人，其实是有一定的限制条件的。必须找到那个条件，才可能打开生命的开关。一个人即便再优秀，但如果贵人、领导或上级不给力，那么再高的才华也无法施展。所以，想要有所作为，一定要把自己的一苗露水找到，学会拥抱生命中每个阶段的贵人。

生就木头造就船，砍的没得车的圆。

心不得满，事不得全。

【释义】

用原生的树木造成的船，外观不可能很好看；用刀斧把树干削成圆柱形，也没有用车床制作出来的圆柱那么圆。因为实际情况的限制，事情不可能总是完美，所以不要苛求。

【小白新读】

同理，很多事情也有自己的原因，对应呈现和结果。比如，在面对当下的工作和生活时，一定会有当下的条件和一些局限，没有那么圆满。所以，任何时候去做事情，都要放下完美心，不要动不动就追求天花板级的最好。

世间并没有最好，所有事也不见得有最圆满。能运用好当下的环境和条件，做得相对不错，问心无愧即可。

天意违可以人回，命早定可以心挽。

【释义】

天意难违，但人只要努力是可以挽回的；命运一定，但转变心念仍可以挽救。命运掌握在自己手中。

【小白新读】

天、地、人相互协调，总体而言，天地是主宰，人是灵活的变量。面对生活，不能完全躺平，倘若觉得一切已经安排好了，就不再努力，反而会滋生懈怠，让生活越来越糟。相反，如果能继续努力、反复坚持，那么就能发现人的力量也能影响事情的发展，甚至改变命运。

命运的转折点，很多时候在于内心是否强大，格局是否宽广，是否足够慈悲、足够柔软，等等。具足了这些，几乎在转念之间，事情就会有变化，并不都受命运左右。尤其，如今是一个瞬息万变的时代，科技进步飞快，我们要相信事在人为的力量，相信境由心转的可能。

白云本是无心物，却被清风引出来。

【释义】

事情的引发与改变，有时是无意之中被本不相关的人或事促成的。

【小白新读】

一个人所处的环境，往往是客观的存在，不会以个人的心态、状况为转移，但它也是可以转变的。比如，男女恋爱，不期而遇的就不少；遇事本来无解，但恰逢贵人指点迷津，让事情有了转机。生命中的遇见与转变，很多是谋算之外，出乎意料的。而清风明月、云海山涛，也会因为人的微笑与爱，而变得有意义，更特别。

让事情发酵、命运改变的因素很多，比如贵人的指点、恰到好处的选择、理智的决定、周全的安排等；让生活变得有趣、变得精彩的方法也很多，比如古人发明了不同的制茶技术、多变的饮茶方法等。不妨做个有心人，发现美好，成就美好。

地不生无名之辈，天不生无路之人。

【释义】

天不生无用之人，地不长无名之草，也是类似的意思。人生在世，无论天潢贵胄，还是贩夫走卒，都有各自的使命和用处。

【小白新读】

很多人在遇到困难和挫折时容易躺平，倘若你才二十几岁，碰到了一些工作上的挫折，就觉得世界末日来临，这大可不必。

只要明天一早还能醒来，只要还能继续活下去，就说明仍有机会，还可以继续往前走。不要垂头丧气，只要还能感受阳光、自由呼吸，人生就可以重启。用积极的心态面对生命中暂时的跌宕，穿过暗夜，一定会迎来生机勃勃的黎明。

长江后浪推前浪，世上新人赶旧人。

【出处】

宋·刘斧《青琐高议》："我闻古人之诗曰：'长江后浪推前浪，浮事新人换旧人。'"

【释义】

新事物会代替旧事物，新一代会接替旧一代。这是一种自然规律。

【小白新读】

当下再厉害的人、再辉煌的事业，在不久的将来都将成为历史，所有的进步都建立在对过往的推翻与重建中。

当一个人在社会上占据优势、担当重要的角色、掌握优质的资源时，要学会珍惜，学会尊重那些成长中的年轻人，因为未来是他们的，而他们终会以自己的聪明才智来改变时代，享受科技进步、智慧成长的成果。

另外，作为晚辈和后来者，我们也要有坚定的信念，相信通过自己的努力，可以迎接未来的生活，甚至成为主导。

今人不见古时月，今月曾经照古人。

【出处】

唐·李白《把酒问月·故人贾淳令予问之》："今人不见古时月，今月曾经照古人。古人今人若流水，共看明月皆如此。"

【释义】

过去的人成为过去，今天的人也会成为过去，只有明月长久地普照清辉，冷眼旁观着世间的生老病死。

【小白新读】

这两句诗读起来有时空交错之感。悠悠明月，代表着人类对永恒的一种希冀。古往今来，无数人想要飞升到月中，以求长生不老，但最终都是徒然。

以人类的角度看天地日月，日月几乎从未改变过，时间仿佛是定格的、永恒的；可换个角度，以日月的角度看人间，芸芸众生不过是朝生夕死，时间于人类不过是转瞬即逝。时间是这个宇宙的秘密，看似存在，实则虚无。

山中也有千年树，世上难逢百岁人。

【释义】

世间千年以上的树是有的，但百岁以上的人却不多见。相比于只要无人砍伐就能长存的树木，人类的寿命哪怕百岁也是短暂。

【小白新读】

长寿固然让人羡慕和向往，但常人无论如何也不可能千年万年留存世间，应该正视现实，保持良好的心态，直面生命归宿问题。

另外，也要好好保护环境，无论是树木，还是生命，都是环境的一部分。有了好的环境，才能更好地体悟自然的清净无为。

老医迷旧疾，朽药误良方；

该在水中死，不在岸上亡。

【释义】

生了病，再有经验的医生，如果断错了病，也无法治愈。同样地，开错了药，再好的方子，也救不了命。该死于什么原因，就会出于什么缘故而死亡，该在水里结束的，不会死在岸上。

【小白新读】

打铁还需自身硬，好药才能配良方。生活中，当贵人要帮扶一个人的时候，倘若这个人本身没有基础，还不努力，甚至连往前冲的劲头和格局都没有，那么即便贵人的能力再强，也很难使上力，所谓烂泥扶不上墙。

任何一个结果，都有一个相对本质的原因，有了这个主因，其他因素可能就没那么重要了，要认清和掌握问题的核心。

公道世间唯白发，贵人头上不曾饶。

【出处】

唐·杜牧《送隐者一绝》："无媒径路草萧萧，自古云林远市朝。公道世间唯白发，贵人头上不曾饶。"

【释义】

即便是地位显贵的人，也难逃年老时头上长出白发的自然法则。生命有尽，不因贫富而有所区别。

【小白新读】

生活对每个人都是公平的，比如到了一定的年纪，就容易有白头发，不管贫富贵贱，都不会有太大区别。其实每个人都要面对生命的挑战和生活的烦恼，谁也没有比谁轻松。说到底，还是要有一个好心态。

种麻得麻，种豆得豆。

【释义】

种子是麻，长出来的就是麻；种子是豆，长出来的就是豆。要得到什么果，就要种什么样的因。

【小白新读】

梦想之花会如何绽放，或许在最初就有答案。一个人的初心，对最后的结果起着关键的作用。这就提醒我们，一定要尊重客观规律，在做事情的过程中，不要想当然，也不要好高骛远，不要寄望于一个虚无缥缈的结果，比如一下子实现阶层的跳跃等。要守好初心，本分做事。

古人说，不因善小而不为，不因恶小而为之。这也提醒我们，不要存在侥幸心理。如果做错了一些安排，犯了一些小错误，也不要听之任之，因为它很可能会在潜移默化中演变成自己不想要的结果。

一片云间不相识，三千里外却逢君。

【出处】

宋·戴复古《湘中遇翁灵舒》："天台山与雁山邻，只隔中间一片云。一片云边不相识，三千里外却逢君。"

【释义】

分明就在同一片云影下，却没能见面；到了三千里外，却意外相逢了。

【小白新读】

人与人之间的关系，很多时候是冥冥之中自有安排，这就是人们常说的"缘分"。因缘不可思议，人生际遇也往往出人意料。

生命自有长宽，不要拘泥于当下的某一个际遇。与人的关系越来越近，又或者越来越远，都是寻常。心怀美好的期待，念念不忘，必有回响。

狗咬对头人，雷打三世冤。

【释义】

狗不会随便咬人，雷不会随便劈人，如果狗无缘无故咬你，雷无缘无故砸到你，很可能是以前做过不好的事情。

【小白新读】

冤家路窄，无缘对面不相逢。平时受到一些非难或委屈，可能不知道具体是什么原因，但所谓"冤有头，债有主"，很久之前的一次不恰当，很可能变成当下或未来的一次不如意。

做事问心无愧，就不会留下隐患。遇到不顺心的人事，不要一味地抱怨，不如冷静思考一下，有则改之，无则加勉。

天眼恢恢，疏而不漏。

【出处】

这与"天网恢恢，疏而不失"是一个意思。"天网恢恢，疏而不漏"是一个成语，最早出自老子《道德经》第七十三章：勇于敢则杀，勇于不敢则活。此两者，或利或害。天之所恶，孰知其故？是以圣人犹难之。天之道，不争而善胜，不言而善应，不召而自来，繟然而善谋。天网恢恢，疏而不失。

【释义】

天道公平，行善自然有善报，作恶必然要受到惩罚。

【小白新读】

正心正念正向正能，如法如仪如愿如意。任何时候，都不要心存侥幸，觉得自己做过的错事，没人知道，没人记得。无论好事坏事，都不会凭空消失，时间自会有答案。保持敬畏之心，谨言慎行。

无常

小时是兄弟，长大各乡里。妒财莫妒食，怨生莫怨死。
人见白头嗔，我见白头喜。多少少年郎，不到白头死。

【释义】

小时候许多一同嬉戏玩耍、天真烂漫的伙伴，长大后要么天各一方，要么变得疏远，彼此间的感情也无法回到过去的状态。

妒忌别人的钱财可以，但不能妒忌别人的饮食；别人活着的时候你可以埋怨，死去之后就不要再埋怨了。

他人发现自己的头发白了，就很生气，我见自己的白发却很高兴。多少人年轻黑发时就死去了，都没能活到生白发的时候。

【小白新读】

有些人对人际关系有很高的期待，觉得亲戚朋友这些最亲密的人，能长长久久在一起才好。

然而，随着每个人不断成长，环境也不断变换，比如有些人进入了不同的社会阶层，出现了不同的财富等级，或者各自有不同的立场逻辑等，这时就会发现原以为牢不可破的关系也会变得疏淡。

倘若过于执着一段关系或一份感情，反而会让彼此之间产生更重的负担，甚至加速分道扬镳的进程。放低期待，也许反能收获更多的深情。

一些人通过努力拼搏而收获颇丰，难免会有人羡慕，甚至嫉妒。这时候，与其嫉妒，还不如把对方当作好榜样，去学习、去超越。

人与人之间意见相左，再正常不过，不要因此而产生嫌隙，心存抱怨。即便是恋人、爱人，哪怕有一天分开了，也要尽可能把对方的好放在心里，把怨艾丢进风中。不要带着过重的负能量，开启下一段旅程。

聚散无常，生命无常，珍惜每一天。

莫笑他人老，终须还到老。

【释义】

当自己年轻时，切莫取笑老年人的种种弱点，每个人都必然会老。老人的今天，就是自己的明天。

【小白新读】

现实生活中，很多人可能会因为陪伴老人的问题产生一些困扰，比如，陪伴的时间可能不够，或是看到垂暮老人的疲惫、沧桑和无助时，有唏嘘之感。

嘲笑他人衰老的人，往往会带着自己年富力强的骄傲。可实际上，那些风烛残年的老人，也曾年轻过，也曾笑傲江湖。

生老病死是一个自然规律，谁也无法打破。既然我们终有一天会变老，那么在风华正茂的时候，就要始终记得，要对老人有怜悯之心，同时对自身也要有客观冷静的认识。

人无千日好，花无百日红。

【出处】

明·冯梦龙《醒世恒言·卷一》："人无千日好，花无百日红。"常用于比喻好景不长，也指感情难以长久。

【释义】

英雄自古多磨难，落魄凤凰不如鸡。人生不是一帆风顺的，总会遭受挫折与磨难，也可能遭遇虎落平阳被犬欺的低谷。

【小白新读】

当一个人身处巅峰，受人追捧、被人仰望时，要记得终有一天要走下舞台，泯然众生。对此，要有足够的心理准备。

高低起伏是人生常态。不要觉得自己是永远的强者，一路高亢奋进，要学会适当低头。

当我们放下对高点和美好的过度期待时，就会发现原来当下的拥有已经足够。游戏人间最好的方式是把握好使用权，而非执着于所有权。当一个人成为很多事物的所有者时，或许已经肩负了沉重的负担。而抱着使用者的心态去行动，即便是面对生命的逝去或者一时的失败，也会觉得相对轻松。

人情莫道春光好，只怕秋来有冷时。

【释义】

人情关系并不总像春光一样美好，也有像秋天一样冷清的时候。

【小白新读】

世事残酷，今日是好友兄弟，明日可能因为利益而翻脸反目。患难见真情，日久见人心。生活中，有人以心相交，也有人以利相交，人情二字有时比纸还薄。倘若对情感友谊抱有过深的期待，很容易会感受到秋日落叶般的萧瑟和凄冷。

面对人情冷暖，该如何保持良好的心态呢？

第一，尽量不亏欠别人。第二，行有余力，多帮助别人。第三，面对他人因为攀了高枝就不咸不淡的情况，不抱怨，祝福对方。只要能有一颗平常心，那么即便遇到被他人背叛的情形，也能从容接受。第四，珍惜患难之交。对于那些能够雪中送炭的情谊，要用一生去铭记、去感恩。第五，不要在人际关系中过于反复，也不要以过高的要求苛责他人。

时 运

时来风送滕王阁，运去雷轰荐福碑。

【典故】

前一句说的是唐代王勃在省亲途中，乘船遇到顺风，赶上了阎都督设在滕王阁的宴会，写下《滕王阁序》，名扬天下。后一句说的是宋代范仲淹任郡守时，有个贫困的书生，生计无着。当时荐福碑的拓片，价值千钱。范仲淹准备让那个穷书生帮忙拓制撰写，作为周济。不料一夜间，荐福碑被雷击碎，一个好机会就这么没了。

【释义】

时运不定，人在运气好的时候，即便碰到坏事也能逢凶化吉；一旦运气不佳，喝凉水也会塞牙。

【小白新读】

生命的各个阶段，因为时运不同，人的气象也会不一样。古人说，择天时而动，就是要我们在状态好、运气好的时候为梦想而努力。千万不要等到灰头土脸、倒霉不堪的时候，才雄心勃勃地去做事。

天时跟一个时代的背景和大环境有关。顺应天时，同时结合个人的专长、斗志和激情，以及靠谱的团队，这样才算是真正发挥了天、地、人的效用。

要在恰当的时间点，抓住时运，抓住机会，实现目标。一个人一生中能够改变命运的机会，只有那么几次，能否抓住是关键。一方面要强身健体，加强学习；另外一方面也要好好拥抱贵人，巩固团队和联盟，做生活的有心人。倘若一直散散漫漫，游戏红尘，那么即便时运到了，也不见得有能力承接。

入门休问荣枯事，观看容颜便得知。

【释义】

进了门不必询问人家家门兴盛与否，只要看看那家人的容颜表情就知道了。

【小白新读】

个人、家族的心境、时运，会表现在面容神态上。

古人对精气神有着相当精彩的描述。大部分人的喜怒哀乐、贵贱荣辱，都挂在脸上。相由心生，一个人心里想什么，多会反映在面部。容颜是外相，是内在的反射和观照。

想修好自己的外相，就要时刻保持轻松愉悦的心情，不要为了一点小事而容色焦躁，心神不宁。一个人乃至一个家庭，如果能坚持以笑对人，从容应万事，那么这种喜悦的能量，会慢慢改变个人乃至家族的气场，提升祥和之气，增长福气。

黄河尚有澄清日，岂能人无得运时？

【释义】

黄河尚且有变清澈的一天，人怎么会没有走运、得意的时候呢？

【小白新读】

没有人会一辈子好运，也没有人会一直倒霉。走运时，好好努力，拿到结果。背运时，夯实基础，提升技能。早起的鸟儿有虫吃，保持勤奋很重要。此外，也要好好结交贵人和盟友，及时发现和抓住机会，不要放任自流。最重要的是保持良好的心态。很多优秀的人，也都是在中晚年才发迹、飞黄腾达的，比如任正非、马云等。

一些人在前半生，是默默无闻的无名之辈，但他们通过踏实积累，真正抓住了机遇，让生命发生了巨变。比如汉高祖刘邦，是亭长出身，明太祖朱元璋还当过乞丐，但这些过去都未曾影响他们成为伟人。时运多变，任何时候都不要看低那些运势低迷的人。

> **未来休指望，过去莫思量；**
> **时来遇好友，病去遇良方。**

【释义】

对还没有发生旳事，不要过度期盼；对已经过去的事，不要过分纠结。集中精力，把握当下。时运到了，就会遇到命中的贵人、知己，哪怕生病也能得到治病的良方。

【小白新读】

清朝名臣曾国藩先生的"物来顺应，既过不恋，当下不杂，未来不迎"，跟上面这句话有异曲同工之妙。太过关切和紧张未来，就很容易与当下的美好擦肩而过。过去无法改变，不要过多缅怀，浪费时间。

时运非人力可为，随遇而安，不抱太多期待，反而能遇见柳暗花明又一村的惊喜。

生活中，不少人会根据一个人的身份、成就和地位，来考虑是否要结交为朋友。一个走运的人，会发现自己朋友遍天下，而时运一旦不济，门庭也会跟着寥落。面对不好的时运境遇，要学会忍耐，默默努力，不必四处见朋友。等运气扭转了，自己的能力和价值得以展现，自然能吸引朋友来到身边。

　　好药方不见得总能派上大用场，要是底子好，一些毛病或许只要一服药，就能药到病除。一个人的内在能量比什么都重要。底蕴深厚，外在的药方才能起协调作用；倘若内里空无，奄奄一息，再高明的医生，再稀有的药方，也难以发挥效用。

祸 福

天有不测风云，人有旦夕祸福。

【典故】

三国时期，曹操屯兵赤壁欲进攻东吴，周瑜与孔明商量用火攻，可此时季节已过，没有东南风。周瑜气得生病，孔明前去探望。周瑜说："人有旦夕祸福。"孔明答："天有不测风云。"之后，果然如其所说，刮起了东风。

【释义】

天气阴晴不定、变幻莫测；人的一生也会面临各种问题，不知道什么时候意外就会发生。

【小白新读】

世间的风云际会都有其规律，只因人有认知局限而无法掌握。有些人对事情的好坏、祸福的理解十分功利，需要打开认知局限，了解背后的自然规律，并对天地宇宙保持敬畏。

人世苍茫，人不过是沧海一粟，而福祸的转变却十分迅速，凡人未必能够承受。要学会居安思危，对可能出现的糟糕状况，提前做好预防和准备。同时，也要珍惜顺境时的拥有。

顺天者昌，逆天者亡。

有福者昌，无福者亡。

【释义】

顺应天地万物规律的，就能兴昌，违逆的就会败亡。同样地，福泽深厚的人，很容易兴旺发达，而无福无德的人，小灾也难以抵挡，事业、财富乃至寿命都很容易消亡。

【小白新读】

倘若一个人能顺应自然，向上生发，便能获得阳光的照亮。地，代表向下的力量，向下扎根是一种积累。

一些人常会执着于自己的看法和见解，不肯退让。实际上，一个人的发展，依附于时代的大背景，放下自我，顺应天道，按规律行动，才会少走许多弯路。

一个人、一个家族是否具备福德，是个人或家族能否真正收获丰盈、提升社会地位和生命高度的基础。今生有望得富贵的人，往往有祖上积德，留下了福田。倘若幸运地拿到开启福田的钥匙，得到贵人的提携，自己还肯努力，乐于分享，那么受人景仰，满载而归的概率就很大，即便没有成为最终的受益者，积累下来的福泽也能绵延子孙，荫庇后代。

祸与福同门，利与害同城。

【释义】

灾祸与福分出自一家，利益与危害互为邻居。祸福、利害，都是从心而生，因心而起。

【小白新读】

昼夜轮转，水满则溢，月圆则缺。古人以此提醒我们，当一切圆满、一帆风顺的时候，要防患于未然。比如，受用圆满时，要努力积德行善，广行布施，不要背负沉重的财富负担。

天灾人祸往往不是无缘无故而起的，很多时候人祸比天灾还要可怕。一旦人心黑暗、人性扭曲了，就容易招致灾祸。灾祸是一种提醒，一种示现，它告诉人们，要反观自心，好好调整。如果能够真正调整好心态，祸也能转化为福，成为生命旅程的助力。

祸福像一张纸的两面，很容易切换。当今时代，尤其要当心不要过于贪婪，醉心于追名逐利，否则很可能会招来祸患。保持谦卑，敢于吃亏，学会宽容，这样幸福才会在不经意间降临。

事从根起，藕叶连心。

【释义】

论事要找准事情的起因，就像莲藕与莲叶，心心相通，脉脉相连。

【小白新读】

世人往往执着于事物的外相，而对内在的秘密或根源不太留心。比如，身材臃肿的人，会觉得原因在于工作太忙，过于疲劳，不愿意承认其实是自己不爱运动。又如，当另一半过分冷淡，对自己毫不关心时，总认为是对方的错，不检讨自己是否言语失当，伤了和气。再如工作中，有些人总是抱怨得不到认同和提携，却不反思自己是不是做事不够靠谱，能力是否有待提升，等等。

事出有因的，只有找准根源，才能把握核心，真正解决问题。

他人是一面镜子，能照见我们的专业能力、为人处世的方式，乃至格局胸襟。万事都要回归根本，从根源处找因由，这是调整认知、更新做法、提升自己的最好通路。

量大祸不在，机深祸亦深。

【出处】

《水浒传》中，林冲火并王伦一章里有类似的话，"量大福亦大，机深祸亦深"。

【释义】

人的度量大，福气就大，心机深的人，祸患反而无穷。

【小白新读】

当灾祸、麻烦靠近时，一个人的格局和度量会影响化解困难的程度和结果。当年陶朱公范蠡在帮助越王勾践成就霸业后，并没有耽于名利，而是选择当回了普通百姓。倘若他自恃功高，没有远离朝堂，以越王的性情和胸襟，范蠡很有可能不得善终。

历史上，类似的故事屡见不鲜，我们当以此为戒，保持开阔的胸襟，淡看云卷云舒。

后一句与"机关算尽太聪明，反误了卿卿性命"是同一个意思。生命里充满算计和尔虞我诈的人，在祸事真正来临时，也会捉襟见肘，两面不是人。不如做个简单的人，少一些阴谋诡计。

命中只有八合米，走遍天下不满升。

【释义】

福分是天注定，该多少就多少，无论怎么折腾也不会
增加。

【小白新读】

一个人要对自己的成就、财富有冷静客观的认识，不要自
视过高，认为自己一定能腰缠万贯、飞黄腾达。努力是要的，
但结果不能苛求。

人这一辈子，如果得到的财富一般，但却身体康健，工作
轻松，有足够的时间陪伴孩子成长，这样的人生，即便少一些
财富，也是幸福的。要有知足心。

所谓丰盛，包含物质和精神两个层面。如果过于追求物质财
富，但身心不自由，甚至要用财富换取健康，实在得不偿失。在
追求丰盈的路上，既要注意平衡，也要对得失豁达释然。

贫居闹市无人问，富在深山有远亲。

【释义】

如果有钱有势，即使住在山上，也会有人亲自上门来攀亲；如果穷困潦倒，即使住在人来人往、熙熙攘攘的闹市街头，也没有人会搭理。

【小白新读】

世人大多功利，嫌贫爱富。为了顺应情势，大家还是要努力实现财富自由。丰盈会让一个人更自信，面对各种关系也会更从容。

当然，在贫富一事上，大家也要有一份好心态。处于生命低谷时，无人嘘寒问暖时，要有强大的内心，默默积蓄力量。

另外，当那些远房亲戚，甚至搭不上边的人需要帮助时，我们也要有足够的胸襟和格局，做力所能及的事帮一把。这样，以后自己万一落入困境，才有能够愿意搭把手的人。尽管世态炎凉，但我们仍要做好自己。

三贫三富不到老，十年兴败多少人！

【释义】

富不过三代，贫不过三代。十年之内，有多少人从衰败走向兴旺，又有多少人从成功走到失败，贫富是不定的。

【小白新读】

富贵贫贱，有去有回，要有平常心。对一个家族而言，要想世代兴旺，就要做好家族传承，培养优秀的后代。机会是相对公平的，只要长辈能在艰难困苦中忍耐坚持，并用心培养晚辈，让他们读书上进，那么改变家族命运也指日可待。

见人富贵生欢喜，莫把心头似火烧。

【释义】

看到别人得了富贵，应该替别人感到高兴，不能看见别人过得好，心里头就像火烧一样难受。

【小白新读】

见不得别人好，是一种非常狭隘的心态。一个乐于用欢喜心赞叹他人、祝福他人的人，才有更多的机会迎接丰盈和美好。能量是会流转的，倘若总是嫉妒他人，或许对他人没什么损失，可无意中却会堵住成功和美好流向自己的管道。

多生欢喜，莫生嫉妒。

未富先富终不富，未贫先贫终不贫。

【释义】

贫穷的时候，脾气秉性跟富人一样，反而富不起来；富贵的时候，就以贫困的状态，珍惜拥有，努力奋斗，那么也不至于再落入贫穷。

【小白新读】

在追求财富的过程中，要时时谨慎。行百里路半九十，如果在还没有真正实现目标时，就以成功的心态、行动做事，那很可能在接近目标的路上就倒下了。即便已经实现了财富目标，也要保持勤俭，保持谦卑，保守做事，防患未然。

君子安贫，达人知命。

【出处】

唐·王勃《滕王阁序》："所赖君子安贫，达人知命。"

《聊斋志异·王成》但明伦评："拾钗而不取，亡金而任数，所谓君子安贫达人知命者，非耶？"

【释义】

以平和的心态面对贫穷，是君子的作风；服从命运的安排，心怀敬畏，尽力而为，就算得上是达观之人了。

【小白新读】

君子甘愿韬光养晦，臣服于一时的困境。在当下暂时没有实现目标拿到结果时，甘愿清贫，不与他人比较，保持谦卑，默默耕耘，等机缘成熟，终会金子发光，功成身就。

善有善报，恶有恶报。

不是不报，日子未到。

【出处】

出自元代无名氏《来生债》，原句是："小圣恰才见此人积功累行，施仁布德，俺神灵如何无一个报应。便好道善有善报，恶有恶报，不是不报，时辰未到。"

【释义】

有善心，行善事，自然得到善的回报；发恶心，做恶事，逃不开恶的结果。人做了好事或坏事，或迟或早，都会有相应的回报。

【小白新读】

人与自然、与他人，相互依赖，彼此照见。不同的念头、行为，在不同的时空环境下，呈现的状态和结果也不同。有的人飞扬跋扈，作恶多端，却处处顺风顺水，有的人积极行善，却过得十分清贫，生活始终没有起色。对此，我们要以长远心看待。

　　佛经中有这样一个故事：曾经有位善人乐善好施，做了许多好事。40多岁时，由于一场祸事，他失去了一条腿。这场意外虽然没有让他垂头丧气，但乡里却议论纷纷。人们很困惑，为何他做了这么多好事，却没得到好报。50多岁的时候，他生了场病，眼睛也瞎了。之后，乡邻更是把他的事当作茶余饭后的谈资。然而，这位善人始终没有气馁，继续行善布施，努力帮助穷苦的人。直到70岁左右，一个大雷居然把他劈死了。村里炸开了锅，人们看到他行善一辈子都没能得到好报，纷纷怀疑善恶的说法是不是无稽之谈。后来，乡亲们就去请教一位禅师，询问善人的结局为何如此凄惨。禅师听后，淡然地说，你们不用着急，等几天看看有什么新消息吧。几天后，皇宫里诞生了一位小王子。禅师这才告诉乡亲，一个人的生命旅途不仅是短暂的此生，那位善人因为一直发善心、做善事，感动了天地，所以在这一生挨过了好几辈子要承受的磨难，现在他已经投生成皇宫里的王子了。乡邻们听了，欢喜赞叹，对善恶果报更是深信不疑。

　　前人栽树，后人乘凉。一些事放在更长远的时空考量，就会发现意义非凡。恶人之所以当下没有受到惩罚，是因为时候没到。

人恶人怕天不怕，人善人欺天不欺。

【出处】

出自元代《双调·水仙子杂咏》，原句为："你强我弱我便宜，人善人欺天不欺。墙板般世事无碑记，料想来争甚的，则争个来早来迟。由你待夸强说会，我则待随高就低，厌厌的日早平西。"

【释义】

邪恶的人，让其他普通人都害怕，但因果报应总会跟他清算；善良的人，虽然可能会被人欺负，但善有善报，最终会在别处得到好的回馈。天道不偏，老天明察秋毫。

【小白新读】

一山更比一山高，再凶恶的人也只能在人间有限的范围内作恶，在老天、能人眼里，这些都是小把戏，没什么了不起。上天会适时出手，谴责惩罚恶人。

心地善良的人，或许会在世间受到冷遇和欺辱，但老天不会让这样的人一直吃亏，时候到了，他们就会得到神祇的提携帮助。善良和美好，终究会被看见。

但将冷眼看螃蟹，看你横行到几时。

【出处】

明·史槃《梦磊记》一一："主圣犹然臣道疑，且持旌节使高丽。漫将冷眼观螃蟹，看你横行得几时。"

【释义】

只用冷眼看螃蟹，看它能横着爬到什么时候。比喻用冷静、蔑视的眼光观察、看待横行霸道的人，也警示人们不要像螃蟹一样，肆无忌惮，否则早晚会跌个大跟头。

【小白新读】

每个人的思维逻辑方式、行事处世方式都不同。横行霸道、张牙舞爪的人，做事更是激烈、凶狠。看到这些恶劣的人，不要凭着义气一股脑冲上去纠正，不妨等一等，他们自然会有撞上南墙、山穷水尽的时候。

人有善愿，天必佑之。

【释义】

人一旦有了符合天道的良善愿望，上天会帮助他慢慢实现。

【小白新读】

善愿、善念往往有这样的特点：一是符合自然规律，符合相对普遍的价值观；二是无私利他、积极正能量。

当一个人秉持着美好的愿望时，得到的祝福与帮助也是无限的。善愿善行就像是一盏明灯，能照亮前路，行善为善也会让人内心充满喜悦，充满力量。

> **一毫之恶，劝人莫作。一毫之善，与人方便。**
> **亏人是祸，饶人是福。天眼恢恢，报应甚速。**

【释义】

一丝一毫的坏事，也劝人不要做；一点一滴的好事，也会给别人带来方便。欺骗别人早晚会招来灾祸，而宽恕人迟早会收获幸福。上天的眼睛极为明亮，报应来得极为神速。

【小白新读】

善恶在心不在形。无论表面的形式看起来如何，小小的恶心或小小的善心都可能带来重大的后果，所以古人才说，勿以善小而不为，勿以恶小而为之。一个小小的错误可能是踏入深渊的第一步，之后便是泥足深陷，再不能回头。而一个小小的善行，也可能带给别人温暖，拯救他人的性命。

亏欠了别人，却没有及时弥补，很可能会在生活和事业里埋下祸根。在与人相处的过程中，如果肯吃亏，愿意宽容退让，那么也会避免许多灾祸。人间的善恶没有丝毫错漏，该来的福泽或惩罚一点都不会少。

行 善

布得春风有夏雨，哈得秋风大家凉。

【释义】

春天过后，夏天就会到来，因为给予过沁人的春风，所以这时候就能够收获夏雨。紧接着秋天也可以继续布施，让众人都能感受到凉爽。

【小白新读】

行善如果能够变成一种生活习惯，长期坚持，那么每个阶段的积累都可能变成下一阶段的收获，不必拘泥于一时的得失。

时刻把他人放在心上，日后必然会有回报。

求人须求英雄汉，济人须济急时无。

【出处】

出自《清平山堂话本·杨温拦路虎传》："求人须求大丈夫，济人须济急时无。渴时一点如甘露，醉后添杯不如无。"

【释义】

求援时，要找那些胸怀宽广、有能力、敢担当且乐于助人的人；接济他人时，要优先那些急需援助和救济的人。

【小白新读】

大格局、大能量的人，往往有着大善心。他们又因为足够慈悲善良，所以有了更大的格局和能量。当希望得到帮助时，一定要寻找这样的人，他们能在更高远的维度，接纳和理解需要帮助的人所经受的苦难。

连普通、琐碎的事也要找人帮忙的人，往往比较懒惰，过于依赖他人。不要当老好人，什么鸡毛蒜皮都管，因为这样做反而会滋长他人的惰性和侥幸。救人先救急，帮人也要先帮急。

渴时一滴如甘露，醉后添杯不如无。

【释义】

口渴时，喝一滴水也像得了甘露一般，而酒醉后，再添酒还不如不添。

【小白新读】

在他人急需时，哪怕赠予点滴都是珍贵的，而他人不需要时，赠送再多也显得多余。

与人相处，应该多从他人的角度出发。帮助他人，也要多从受者的角度考虑。施者和受者的感受不一样，受者的需求往往更为真切和迫切。急人所急，帮人要帮得恰到好处。锦上添花为何不如雪中送炭，就是因为后者是救人于危难，救人于卑微，救人于彷徨。这时候的些微善意，可能会扭转乾坤，让别人的人生发生巨变。因此，不要吝于布施。

不同的人所处的阶层不同，思考的维度不同，财富等级也不同。所以，一些人无法理解他人的苦难和焦灼。正如溪流可以浇灌菜畦，大江大河能够哺育城郭，有时候自己的点滴拥有，就能滋养他人生命的全部。要在节骨眼上，尽最大努力，帮助他人。

孝莫假意，转眼便为人父母。

善休望报，回头只看汝儿孙！

【出处】

出自《格言联璧·齐家类》。

【释义】

孝顺父母不辞辛劳，转眼自己也会为人父母。做好事不要期望回报，回头看看自己的儿孙是如何待人就知道了。

【小白新读】

现代人忙于工作事业，难免怠慢父母，行孝流于形式。面对老人，很多人不耐烦、不恭敬，甚至虚情假意，敷衍了事。对于这样的行为，孩子都看在眼里，记在心里。家长的所作所为，无形中会影响孩子。在尽孝行孝上，家长要努力做孩子的榜样，而不是反面教材。

行善、帮助他人时，不要总想着得到回报。希望得到回报，何尝不是一种功利？但行好事，莫问前程。不计回报的善心善行，不仅能让自己身心安定、充满喜悦，还能给子女树立榜样，让他们养成规矩做人、尽力行善的习惯，兴许还能留下一片福田，滋养后世子孙。

休念故乡生处好，受恩深处便为家。

【出处】

明·徐霖《绣襦记》第九出："锦衾珊枕享奢华，缱绻多情解语花。不恋故乡生处好，受恩深处便为家。"

【释义】

指不必留恋美好的家乡，受人恩惠深厚的地方就是家。

【小白新读】

生命旅途，难免漂泊。故乡是最初养育我们的地方，但后来可能我们就离开了，一生都在外流浪，游走四方。当我们有幸遇见厚德之人，遇见贵人朋友，拥有安定的事业和美好的生活时，要沉住气，打好事业和人生的基础，此心安处就是家。

一日为师，终身为父。

【出处】

清·罗振玉《鸣沙石室佚书·太公家教》，原文为："弟子事师，敬同于父，习其道也，学其言语。……忠臣无境外之交，弟子有束脩之好。一日为师，终日为父。"

【释义】

哪怕只教过自己一天的老师，也要一辈子将其当作父辈、长辈看待。

【小白新读】

在给予过教诲、传授过知识的师长面前，要有敬畏之心。父爱如山，师长的恩德像高山一样，只有足够谦卑，才能承载他们身上的德行。父爱如烛，师长也像父辈一样，燃烧自己，照亮他人，只有心怀感恩，才能在生命的旅途中，遇见更多的智者名师。

敬畏，是学习成长的重要前提。越谦卑的人，心池越大，能接纳的知识、智慧也更为深广。和师长相处，要重视举手投足的礼仪，让拳拳赤诚成为连接长久师生之谊的桥梁。

忘恩负义，禽兽之徒。

【释义】

忘恩负义之人，只能与禽兽为伍。

【小白新读】

人生于世，每个人都希望能得到外界的拥抱和支持，推己及人，我们也应该尽自己所能，帮助那些弱势群体和其他需要帮助的人。

恩义是人间的通行证，让友谊和祝福不断流转。一个人得了恩惠，却过河拆桥，就是丢掉了自在行走于红尘的许多助力。滴水之恩，涌泉相报，即便暂时没有能力回报，也要有知恩图报之心。

> **学在一人之下，用在万人之上。**

【出处】

《六韬》："屈一人下，伸万人上，惟圣人能行之。"

《汉书·萧何传》也有类似说法："夫能诎于一人之下，而信于万乘之上者，汤武是也。"

【释义】

跟随不同的人，学习到不同的知识，把这些所学分享给更多人，才是真正的回馈和回报。

【小白新读】

无论从事什么行当，都要向最优秀的人学习。世间经久不衰的智慧，往往经历了长久的考验和积淀，跟随具足智慧的人，能少走许多弯路。三人行，必有我师，每个人都各有所长，要向有专长和优势的人学习。

学习前，如果能以帮助到更多人为出发点，那么学习的意义会更为广大。学有所成后，如果能把学习到的东西分享给他人，那么也会有更多的善意回流给自己。

学习的内容不必局限于高精尖，不要盲目跟风，很多实用的知识、技能，也能造福很多人。

> 待有余而济人，终无济人之日；
>
> 待有闲而读书，终无读书之时。

【释义】

如果总想着等以后有钱了，宽裕了，有时间了，再去帮助别人，那么很可能会一直处在犹豫等待中，最终没有帮到别人；等到有空闲的时间才去读书，最终也没有读书的时候。

【小白新读】

不少人对布施的理解局限于钱财。其实，其意蕴远不止于此。

就财布施而言，也分内财和外财。比如，帮别人劳动，贡献体力，就是内财布施。钱财方面的布施，属于外财布施。

另外，还有无畏布施和法布施。前者顾名思义，就是让众生不再感到害怕，比如，吃素和放生。法布施是将宇宙的智慧分享给他人，口头传讲或分享相关的书籍、音视频等。

生活中行善，要结合自身实际。无须挂碍多少，发心纯正，力所能及就好。比如，朋友心情烦闷，能出言开解；发现危险，能告诫他人远离；学到了新知识，与他人分享等。

利他、读书，不宜等待，需要果断行动，把握好时机，充分利用闲暇。等有钱了，才去行善；等有时间了，再去读书，很可能会把金钱和时间都消磨在娱乐休闲等无意义的事情中。

一日之善是为觉醒，一季之善是为坚持，一世之善是为哲学。坚守善良的底线，相信善意的力量，等待善念的结果。

临危许行善，过后心又变。

【释义】

一些人在艰难危急时，为了得到他人的帮助度过危难时刻，可能许下过很多诺言，可危难过后，却不愿履行。

【小白新读】

人心易变，行善要趁早。

后会有期，往往无期；说要常回家看看，总是难以成行。许下承诺，却不了了之，伤人伤己。时过境迁，一切随时都可能发生改变，做有愿必还、言出必行的人。

借问酒家何处有，牧童遥指杏花村。

【出处】

唐·杜牧《清明》："清明时节雨纷纷，路上行人欲断魂。借问酒家何处有，牧童遥指杏花村。"

【释义】

别人问酒馆在哪里，牧童远远地替他指了杏花村的招牌。哪怕是指路这样的点滴善行，也要去做。

【小白新读】

行善未必都要是大善，一些微末小事，如果能出手相帮，也要尽力而为。比如，给陌生人指路、拾金不昧等。从小事做起，不要有太多负担。

舍财不如少取，施药不如传方。

【释义】

跟施舍财富相比，不多取，不贪心也是一种善行；跟布施药材相比，把治病的方子分享给别人，对他人更有裨益。

【小白新读】

努力赚钱，还是积极布施，很多人常会陷入两难。

在财富积累阶段，有的人对不义之财、灰色收入来者不拒，等富足了，才悔不当初，布施酬补。这样的做法是否有效，难以界定。与其事后弥补，不如在做事时如法依规，不取不义之财。

帮助他人，未必要像医生救治病人一样，给予药物这样的物质才可以。授人以鱼，不如授人以渔。与其给予物质上的帮助，不如从更高远的维度，从最根本处着手，教会别人解决问题的方法。就像仁心仁德的医生，用心看病，只写方子，不卖药。

行善的方式很多，重要的是发心和从根本上帮别人解决问题。

以直报怨，知恩报恩。

红颜今日虽欺我，白发他时不放君。

【释义】

用正直的言行来面对怨恨，记住他人的帮助和恩德，力所能及地回报。千万不要仗着自己年轻来欺辱他人，总有一天，自己也会满头白发，岁月和因果不饶人。

【小白新读】

有时候，一句无心的话，可能就会不小心伤害他人，而当事人却不自知。倘若以同样的方式回击，以怨报怨，何时有尽？人与人之间，互为镜面，彼此观照。要时时检视，反省调整自己的行为、语言和心念。即便面对冲突和伤害，也要与人为善，尽量化干戈为玉帛。同时，也切忌在身强力壮时欺侮垂暮老人，在富贵显赫时看轻贫弱穷人。

冤家抱头死，事要解交人。

【释义】

冤家宜解不宜结。有仇恨的双方应该解除旧仇，不要弓弦不放，继续结仇。

【小白新读】

世间有许多因为利益分配、认知冲突、情感困扰等问题，而分道扬镳、形同陌路甚至变成仇敌的人。更有些人，因为自身的认知局限，成了自己的冤家。

世上没有非要一决高下的事，那一定会让亲者痛仇者快。一切事物、一切关系，都有转变之时，不妨放远眼界、放宽心量，时间终将让所有挂碍变得云淡风轻。

只学斟酒意，莫学下棋心。

【释义】

要用斟酒的善意和真诚，礼敬他人，千万不要心怀不轨，带着利益与谋算与人相处。

【小白新读】

中国古老的礼学体系和礼仪规范值得当代人好好学习。比如餐桌礼仪中的斟酒，就强调主宾和诚意。在表达恭敬和诚意时，重点是要摒弃各种私心杂念、希冀期待，顺其自然。这跟下棋博弈、筹谋算计的做法完全不同。与人交往，忌步步为营，处处费尽心机。使得用心过度，反而会埋下潜在隐患。

人到公门正好修，留些阴德在后头。

【释义】

身居高位后，可以影响到更多人，这时候更要检点修养自身的德行，为后代积累阴德。

【小白新读】

一个默默无闻、韬光养晦的人，大多时候只能保全自己，无法影响其他人。当有机会走上万众瞩目的舞台，发挥一些作用时，要时刻提醒自己，审慎公正做事，避免太多私心杂念。为更多人服务，就是为自己和后代积累福德。

害人之心不可有，防人之心不可无！

【出处】

出自《菜根谭·概论》："害人之心不可有，防人之心不可无，此戒疏于虑也；宁受人之欺，勿逆人之诈，此警惕于察也。二语并存，精明而浑厚矣。"

【释义】

不能有伤害别人的坏念头，但也要对不知底细的陌生人保持警惕。

【小白新读】

当下几乎是一个没有秘密的时代，一定要正信正念做事，如法如仪交友，不要存侥幸心理，坑害、伤害他人。

古人的训诫，如今依然有警示意义。比如"二人不看井，三人不抱树"，说的是月黑风高的夜晚，不要跟另一个人去井边玩，万一发生意外，很可能有去无回。三个人抱着棵树，倘若其中两个一起合谋算计，那第三个人就很难逃脱危险。

为人处世，需要有适当的防备之心，保持一定的社交距离，确保自己的安全区。尤其财富圆满、影响超群的人，只有筛选好朋友，才能避免被狐朋狗友带偏、牵连，甚至算计。

善为至宝深深用，心作良田世世耕。

【出处】

清·金缨《格言联璧》："善为至宝，一生用之不尽；心作良田，百世耕之有余。事事让三分，天空地阔；心田培一点，子种孙收。"

【释义】

善心善念是世间最珍贵的宝物，能让人受用一生，人的心就像良田一样，需要世世代代、时时刻刻不断耕耘滋养。

【小白新读】

善心善念是行走于人间最闪耀的勋章。当一个人能把善良当作生命里最重要的理念来秉持时，其由内而外散发的磁场、气息都是慈悲、温暖的，让人如沐春风、满心欢喜。自然而然地，他也能得到许多的接纳和帮助，一切事情都会顺顺利利。

人间的积累与收获，大多从努力拼搏中来。倘若一个人能好好校准生命的方向，调整好心境，规规矩矩做事，诚诚恳恳为人，那么一定能得到许多贵人的照拂。所以，要好好滋养呵护自心这方良田，将心中的美好与人分享，同时把这份德行和福气世世代代传扬下去，形成良性循环。

读书明理

贰

珍惜时间

> **人生一世，草木一春。**

【释义】

人只能活一世，就像草木只能繁荣一个春天。

【小白新读】

世间草木大多春天萌芽，秋季落叶，有生发，就必然有衰败。日夜轮转，四季更迭，这些都是轮回最好的证明。逝者如斯夫，不舍昼夜。智者见到河水奔流、草木枯荣，总能发出人生无常的慨叹，更惕厉自己把握时间，专注于真正有意义的事。我们应当效仿往昔的智者，把一天当作一生过，珍惜如梭的光阴。

早起三光，迟起三慌。

【释义】

起得早，就能看到日光、月光和星光，也有说能看到床头光、头发光、面容光的。起得迟，人的精、气、神紊乱，头昏脑涨，做事容易丢三落四。

【小白新读】

早卧早起，与鸡俱兴，古人强调的坐卧时序顺应了天地的阴阳循环，利于人身储存精气，舒达阳气，对健康很有益处。

和喜欢睡懒觉的人相比，早起的人往往勤奋、自律，也更容易实现生活事业的圆满。因为起得早，所以有充分的时间，做事可以不慌不忙，有条不紊。睡眠时间过长，人容易越睡越累，此间倘若还牵念着其他事，情绪则会越发焦躁。与其把时间耗费在被窝床榻间，不如专注于学业、事业等更有意义的事。

百岁无多日，光阴能几时？

【释义】

就算能活到一百岁，总共也没多少日子，短短一生，能把握的时间有多少呢？人生苦短，时间有限，要好好把握。

【小白新读】

当今时代，虽然科技越来越发达，人们对身心健康越来越重视，平均寿命也有了一定的增长，但对个体而言，什么时候死亡根本没有定准，绝大多数人是在意想不到的时候死去的。

人的身体是地、水、火、风的短暂聚合，只要其中任意一种稍有增减，就会造成四大失衡，由此而产生各种疾病，加速死亡的步伐。外在环境中导致死亡的因素也数不胜数。纵观当下，人类居住的环境日益恶化，污染严重，时序紊乱，风雨不调，食物也越来越没有营养，又因添加各种农药化肥，连食物本身都可能含有毒素，埋下了疾病的隐患。可见，即便是饮食这种滋养生命的行为，也可能成为死亡的因由。

生命脆弱，如风中残烛，若为风吹，顷刻即灭。大家千万不要心存过多幻想，认为自己始终有明天。应当从此刻开始，好好把握分分秒秒，不要在临终时后悔不迭。

读书学习

> **积钱积谷不如积德，买田买地不如买书。**

【释义】

与其不断积累钱粮，不如平日里多积德行善；与其疯狂购田置产，不如投资教育学习。

【小白新读】

钱财粮食是有形物，自己多了，别人可能就少了，而且用着用着就没了；善行功德是无形物，自己积累，不会让别人减少，而且会随着时间和行动，不断增加。

田地也是有形物，今天是自家的，明天可能就不是了，但书籍是知识和智慧的结晶，多读书就能慢慢增长知识，提升智慧，这样的无形财产永远属于自己，抢都抢不走。

投资要搞清重点，投对方向。犹太人的赚钱能力惊人，但很多人或许不知道，犹太人十分重视知识和教育，对他们而言，文化、智慧才是真正的无价宝。

人不通今古，马牛如襟裾。

【出处】

唐·韩愈《符读书城南》："潢潦无根源，朝满夕已除。人不通古今，马牛而襟裾。"

【释义】

人如果不通晓古今事理，就像穿了衣服的马牛一样。

【小白新读】

以铜为镜，可以正衣冠；以古为镜，可以知兴替；以人为镜，可以明得失。漫漫历史长河中，涌现过无数人、事，阅读历史，了解他人的故事和经历，能够拓展经验、丰富阅历，待人接物会有更多的视角，从而累积许多出世入世的智慧。

读史使人明智，不懂道理、没有智慧的人跟牛马有什么区别呢？

击石原有火，不击乃无烟。

人学始知道，不学亦徒然。

【出处】

唐·孟郊《劝学》："击石乃有火，不击元无烟。人学始知道，不学非自然。万事须己运，他得非我贤。青春须早为，岂能长少年。"

【释义】

叩击石头会产生火花，不去叩击连烟都出不来。努力学习才会懂得道理，不去学习什么也得不到。

【小白新读】

人并非一生下来就能拥有很多学问，学识渊博的人除了天赋异禀，也要靠后天勤修，日进一寸，就有一寸的增益。学问、智慧的增长，也不仅靠自身努力，还需要与人交流，在不同思想的碰撞中，激起智慧的火花。以他人为镜，观照自身，不也是一种"学"吗？

好学者则庶民之子为公卿，
不好学者则公卿之子为庶民。

【释义】

努力学习的人，即使是平民子弟，也有做高官的可能；不爱学习的人，即使是高官后代，也有可能沦为平民。

【小白新读】

本句推翻了传统意义上以身份高低论贵贱的二元论，开辟了一种崭新的价值体系，即登公卿、守家业亦是变化无常的，而且这与一个人是否勤奋好学息息相关。

学习需要兴趣的引导，化被动为主动，自然可以乐在其中。书中自有黄金屋，书中自有颜如玉，读书固然有让人飞黄腾达的实用价值，但更多的时候、更重要的是以无功利的目的来引导、教化生命，在无用之乐中成长。

读未见书，如得良友；

见已读书，如逢故人。

【释义】

见到以前从未见到过的书，像遇到了新朋友一样，让人一见如故。见到了从前自己已经读过的书，甚至是喜爱的书，就像在他乡遇到了故人一样，让人心生欢喜。

【小白新读】

每个人读书的目的各不相同，有的是为了增长见识，有的是为了博取功名。还有的只是纯粹的兴趣。新书有新书的好，旧书有旧书的妙。可运用，可自娱。无论什么书，都是一位位无嗔的老师、朋友，应该拥抱这样特殊的"益友良朋"。

白酒酿成缘好客，黄金散尽为收书。

【出处】

唐·吕岩《题沈东老壁》："西邻已富忧不足，东老虽贫乐有馀。白酒酿来缘好客，黄金散尽为收书。"

【释义】

因为好客，所以酿制了上好的白酒，款待宾朋；同样地，也有人为了收藏好书，不惜耗尽财富！

【小白新读】

视读书为至乐的人，不会被名利裹挟，自然生出一种超然洒淡的气派，就像酿酒的人未必是为了谋利，只是享受与友相聚、把酒言欢的喜悦一样。

勤奋读，苦发奋，走遍天涯如游刃。

【释义】

只要肯勤奋，通过读书不断增长见识和智慧，在实践中加以运用，在艰苦中加以历练，那么将来无论身处何地，遇事都能游刃有余，从容自如。

【小白新读】

读书学习要下苦功夫。功夫从何而来？从投入的时间中来，从一笔一画的抄录中来，从一字一句的记诵中来。下功夫要有恒心，忌三天打鱼两天晒网，宜日日精进，细水长流。

勤奋

莫道君行早，更有早行人。

【出处】

宋·释道原《景德传灯录》卷二十二："谓言侵早起，更有夜行人。"

【释义】

不要说你走得早，还有比你走得更早的人。

【小白新读】

所谓"早行人"，不仅是早早就起来出发、行走的人，更是指能够提前准备，早早行动的人。比如，锻炼要早起，读书要趁早；又比如，办事要尽早，否则容易被别人抢占先机。很多事，不提前准备，就来不及了。

勤奋耕锄收地利，他时饱暖谢苍天。

【释义】

农民勤奋耕作，就能收获庄稼作物，人能吃饱穿暖的时候，不要忘了一切仰仗天地，要心怀感恩。

【小白新读】

成功，不仅靠勤奋，还有天时、地利、人和。在对的时间做对的事，全力以赴地做，才会离成功更近。就像种地，春天种大多比冬天种更好，在肥沃的土地上种，也会比在石头、沙漠上种好。同理：读书、工作也需要在合适的领域、有前景的项目中投入精力，奋力拼搏。待功成名就、尘埃落定，要记得感谢来时路上的所有顺缘、逆缘。

一日春工十日粮，十日春工半年粮。

疏懒人没吃，勤俭粮满仓。

【释义】

春耕是一个周期内的活动，抓紧时机，辛勤劳作一天，所收的粮食足够吃十天半个月，努力耕种十天，所得的收成够一家吃一年半载了。疏忽懒惰的人，不好好耕种播种，就会连吃的都没有，而勤于耕作，珍惜节约粮食的人，往往能五谷丰登。

【小白新读】

人就像田一样，春天好好播种灌溉，夏天好好除草驱虫，秋天就能有满满的收获。如果一个人，少年时代不好好学习，青年时期又不努力奋斗，那么想要在中老年有所建树，几乎是痴人说梦。

不怕慢，只怕站。

【释义】

一个人只要行动，哪怕慢一些，也能到达目的地。

【小白新读】

终点再远，只要持之以恒地走下去，就算慢一点也不怕，如果停止前进，就永远无法到达。没抵达目的地，多半是因为没有出发，或者中途停下。

动口不如亲为，求人不如求己。

【释义】

人不能只是侃侃而谈，一番高谈阔论就结束了，而是要着手去做。与其寻求别人的帮助，不如依靠自己。

【小白新读】

计划和谋略固然重要，但只有行动了，事情才算真正开始。所谓"光说不练假把式"，如果只是会耍嘴上功夫，没有实际行动，不仅成果遥遥无期，也无法让人信赖。

日常生活中做事情，难免会遇到各种问题，很多人这时候会选择向他人求助。即便他人愿意相帮，但没有人会永远、随时在线。过多地依赖他人，会失去主动解决问题和提升自己的机会。任何时候，遇到问题，都应该先试着自己处理。

牡丹花好空入目，枣花虽小结实成。

【释义】

牡丹花虽好，但只能供人观赏；枣花虽小，却能结出果实。

【小白新读】

好看的事物可能华而不实，只能让人饱饱眼福，虚有其表；枣花虽然微小，不博人眼球，却能结出很多枣子，饱人口福。做事要少搞花架子，要说实话，干实事，求实绩。不能只重视表面形式，也要注重内在成果。

成人不自在，自在不成人。

【释义】

人要有成就，必须刻苦努力，不可安逸自在。

【小白新读】

想干大事的人，势必要接受一定的束缚和限制，不总是自由自在。那些整天逍遥，贪图享受，丝毫不做规划，一点苦都吃不得的人，往往会浪费光阴，一事无成。

苏轼在《留侯论》中说："古之所谓豪杰之士者，必有过人之节。人情有所不能忍者，匹夫见辱，拔剑而起，挺身而斗，此不足为勇也。天下有大勇者，卒然临之而不惊，无故加之而不怒。"意思是说，真正的英雄一定有过人的节操。普通人一旦遇到羞辱，立刻就会拔剑相向，拼个你死我活，但这并不是真正的英勇。真正的英勇，是面对无缘无故、突然而来的羞辱，也能波澜不惊。

一个屠夫欺负韩信，让他要么忍胯下之辱，要么拿刀剑一搏。面对这种地痞行径，韩信没有恋战，在对方的嘲笑声中，默默弯下腰，爬了出去。想成就大事的人，一定能接受生命中的各种不公与难忍，在不自由中磨炼心性。

立 志

人老心未老，人穷志不穷。

【释义】

人虽然老了，但仍心怀壮志；虽然一时贫困，但仍要志存高远。

【小白新读】

虽然年老无法避免，但心态年轻，一切都会不同。

物质上的困顿并不可悲，真正可悲的是因为暂时的穷困而灰心丧气，失去朝目标奔赴的动力。

穷则变，变则通，通则久。三十年河东，三十年河西，人人都有兴旺发达的时候，今日我笑人，明日可能反过来人也会笑我，不要看不起任何人。

父母养其身，自己立其志。

【释义】

虽然父母给予衣食等条件，养育了孩子，但在成长过程中，立下远大志向，持之以恒还是要靠孩子自己。

【小白新读】

父母可以力所能及地提供孩子良好的生活条件和教育环境，但孩子能否志存高远，更多的还是靠他们自己。父母可以作为顾问指导，帮助孩子找到、确立志趣所在，却不能过多干预，甚至替孩子做决定。

为官须作相，及第必争先。

【出处】

宋·汪洙《神童诗》："慷慨丈夫志，生当忠孝门。为官须作相，及第必争先……"

【释义】

想当官，就需要以丞相为自己的目标，以当最大的官来勉励自己；科举考试也是一样，要力争上游，争取榜上有名。

【小白新读】

古人读书大多是为了出仕做官，以此实现光宗耀祖、兼济天下的抱负。这句话是告诫我们要树立远大的志向，不要蹉跎青春。古人立志，从来不会仅仅为了名利，他们总是希望以己之力利于百姓。我们也应该以这一点为标杆。

一个人不仅要立志，而且这个志向最好能清晰、具体。具象的信念，会让人更有动力。

读过古华佗，不如见症多。

【释义】

再高妙的理论，如果不以实践加以验证，也发挥不出本身的价值。

【小白新读】

书是人类进步的阶梯，每个人的阅历有限，但读书可以丰富阅历，增长见识。然而，尽信书，不如无书。历史上不乏读死书、纸上谈兵的人。比如赵括就是因为没有实战经验，只会照搬书本成例，所以导致了赵兵的大败。要读书，但也要重视联系实际。多思考，多实践，才能融会贯通，举一反三。

不经一事，不长一智。

【出处】

清·曹雪芹《红楼梦》第六十回写道，"俗语说：'不经一事，不长一智。'我如今知道了，你又该来支问着我了！"

【释义】

不亲身经历，就不能增长见识。实践出经验，成功或失败的经历都能让人增长智慧。

【小白新读】

人总要多摔几个跟头，才能学会长大。明代大儒阳明先生也说，"经一蹶者长一智，今日之失，未必不为后日之得"。这里的"蹶"，可能是错误，可能是失败，可能是困境，可能是陷阱。面对这些"蹶"，不必垂头丧气，而应该好好吸取教训，不白白浪费这些经历。

当然，有时候这些事也可以避免。比如，多听人劝导，以史为鉴，多看书。又比如，逢遇贵人悄悄引路等。

事宽则圆，太久则偏。

【出处】

清·俞万春《荡寇志》第一百三十一回："闻达暗想道：'此人本是一勇之夫，不难取他，只是攻击得紧，他必死命相拒。看来此事，事宽则圆，急难成效。'"

【释义】

经历的事情多了，处事就会变得周到，若事情拖得时间过久，说明必定对某一方面怀有偏袒。

【小白新读】

熟能生巧，多经历，多坚持，自然会在待人接物等事情上游刃有余。不过，事也分很多种，所谓缓事要急做，急事要缓做，说的就是不太紧急的事，快快地做，效率会很高；而重要紧急的事，则要慎重处理，这样才能很好地避免忙中出错。

人上一百，手艺齐全。

难者不会，会者不难。

【释义】

每个人掌握的手艺、能力各有不同。人多了，十八般武艺也就都有了。任何技艺，都有诀窍。如果知道了某个技能的关键，就会觉得事情很好做，一点也不难；但如果对其中的关窍一无所知，做起事来就会很难。

【小白新读】

隔行如隔山，在面对不同行业、不同领域的人时，应该保持谦逊的姿态。再厉害的人，也鲜少能样样精通，因此唯有保持谦卑，好好学习，才能不断提升。

如今是合作共享的时代，借他人之长，团队和集体能够凝聚强大的力量。人心齐，泰山移，个人力量虽然微小，但许多人一起努力，便能一往无前。

人不知己过，牛不知力大。

【释义】

人犯了错，自己往往认识不到；自己的力气有多大，牛也不知道。

【小白新读】

在错误面前，人总是缺乏自知之明。看别人的错误总是容易，但承认并接受自己的错误却很难。

男无良友不知己之有过，女无明镜不知面之精粗。

【释义】

男性没有知己良朋提醒，就不知道自己的过失；女性没有明亮的镜子照着看，也不知道自己的皮肤粗糙还是细腻。

【小白新读】

我们与人交往，不仅是为了找寻有共同兴趣、相似价值观的朋友，获得情感方面的支持，也是为了能够在与他人的相互照见中，更好地发现、了解、完善自己。一个无法看到自身缺点和过失的人，很容易坐井观天，有一点成就便沾沾自喜，通过他人、外界的反馈，我们可以更好地认识、提升自己。

不说自己井绳短，反说他人箍井深。

【释义】

打不到井里的水，不反思自己打水的绳子是否太短了，反而抱怨挖井的人把井挖得太深了。

【小白新读】

这句话提到了反省的一个难点，也就是人往往倾向于把责任推脱给外界，不习惯一下子接纳和承认自己的问题。

曾经，有个小和尚在庙里负责撞钟。半年下来，他感觉无聊至极。老和尚见他没精打采的样子，就调他去后院劈柴挑水。听到这个安排，小和尚很不服气，他质问老和尚，难道我撞的钟不准时、不响亮吗？老和尚耐心地告诉他，虽然你撞的钟很准时、很响亮，但钟声却空泛、疲软，毫无感召力。小和尚听了豁然开朗，他惭愧地向老和尚忏悔，并认真干起了撞钟的活计。

生活中，大多数人或许都和小和尚一样，当一天和尚撞一天钟，遇到不顺心的事，就推脱责任，觉得自己毫无问题。其实，在任何时候，人都应该保持一颗谦逊的心，认真观察、反省自己的言行，及时调整，不要等他人来责问或提醒。

一家饱暖千家怨，一物不见赖千家。

【释义】

一个家族过上吃饱穿暖的日子了，还有千万家族处在贫困中的话，肯定埋怨那一家吃饱穿暖的家族；一个物件被偷了，周围的人家都有嫌疑。

【小白新读】

不少人看到别人生活富裕，就心生嫉妒、怨恨。贫富阶层的对立，在一定程度上也是由这样的嫉恨引起的。事实上，不管他人多么富裕，心怀嫉恨，并不会让他人的财富减少一分，也无法让自己的财富增加一毫。既然如此，嫉妒和怨恨又有什么意义呢？徒添烦恼罢了。不如用一颗随喜的心，祝福他人的生活越来越好。

东西少了，也不要疑神疑鬼。再珍贵的物品来到身边，我们拥有的也只是暂时的使用权而已。一味地把事物据为己有，只会让自己提心吊胆，连生活都享受不了了。不如放下执着，轻轻松松、欢欢喜喜地享受和事物在一起的短暂时光。既过不恋，未来不迎。

明人自断，愚人官断。

【释义】

心地光明、有智慧的人，对事情、问题会自己做出判断，而愚昧无知的人，往往需要从官府的决断中，才能得到对事物的正确认知。

【小白新读】

有智慧的人，遇到困难和问题，会通过主动学习、主动解决来面对，而愚昧困蒙的人，则只能依赖外界的反馈，有时甚至大祸临头了才忽而梦醒。普罗大众，多多少少都有愚蒙之处，此时学习和教育就显得格外重要。通过学习和教授，人能够不断开启智慧，提升明辨是非、解决问题的能力。

自重者然后人重，人轻者便是自轻。

【释义】

看重自己的人，能得到别人的看重；被人轻贱的人，往往是自己先轻贱了自己。

【小白新读】

尊重自己的人，才更可能获得他人的尊重。人们常常希望得到外界的尊重，却偏偏忘记自重才是前提。所谓自重，就是尊重自身生命的过程与价值，有自己为人处世的底线和原则。

与自重相对的是自轻，对自己随随便便、马马虎虎的人，也很容易被他人无视价值。

我们要感受和承认他人的价值，但也要认可和肯定自身的努力和价值。

自己跌倒自己爬，望人扶持都是假。

【释义】

跌倒了，只能依靠自己再站起来，不能总指望他人帮助。

【小白新读】

人生一世，所有的酸甜苦辣都要独自品尝。落魄失意时，自己给自己鼓励；孤独寂寞时，自己给自己拥抱。不要养成依赖他人的习惯，因为靠山山会倒，靠人人会跑。历经低迷沉浮，我们终会明白，真正让自己走出困境的不是旁人，而是自己。

谦卑

天下礼仪无穷，一人知识有限。

【释义】

放眼望去，全世界的礼仪规矩非常多，每个国家各有不同，仅凭个人的了解是远远不够的。

【小白新读】

人的生命和精力有限，又受生活范围的限制，能够走遍天下的并不多。多闻者智，自知者明，不要做妄自尊大、目空一切的人，一定要多听、多看、多学习，不断开阔视野和思维维度。

稳的不滚，滚的不稳。

【释义】

稳固的物体一般与支撑面有较大的接触面，或摩擦吸附力较强，或重心很稳当，所以不轻易滚动；而不稳定的物体，比如球形物，只要地势不平或没有物体阻挡，就很容易滚动。

【小白新读】

踏实的人，做事稳妥可靠，但可能缺乏灵活性；灵活机变的人，做事办法多，脑子快，但可能不够稳当，容易出错，或者因为过于圆滑而不够忠诚。人或事物很难尽善尽美。

满壶全不响，半壶响叮当。

【出处】

袁箴《康熙访贤》："汤斌心想，我看此人举止轻浮。常言道：'满壶全不响，半壶响叮当。'如去为官，百姓必定遭殃。"

【释义】

如果壶里装满水，晃不动，自然就发不出声响；而如果壶里只装了半瓶水，那只要动一下壶身，便很容易发出声响。

【小白新读】

有真才实学的人往往不会高调宣扬自己，更愿意藏而不露，而才疏学浅、为人轻浮的人，却喜欢不懂装懂，四处卖弄。

《天龙八部》里，在天下群雄围聚少林的危急时刻，扫地僧以一己之力对战萧峰父子、慕容博父子，以及鸠摩智，从容化解了萧远山和慕容博的恩怨，有挽狂澜于既倒、扶大厦之将倾之功。在此之前，他默默无闻，四十多年都不为人知，"满壶全不响"。

与之相反的是恃才傲物的鸠摩智，他先后在各地与各大高手交锋，天下英豪都不被他看在眼里，可惜纵然他身经百战，仍然是乔峰、段誉和扫地僧的手下败将。

生活中，我们很容易遇到"半壶响叮当"的角色，动辄夸夸其谈，言语和形式大过实干和行动。除了要警惕这些"半壶响"的人之外，我们也要反观自省，看看自己是不也是这样的人，有则改之，无则加勉。

谦虚美德，过谦即诈。

【出处】

出自《格言联璧·持躬类》。

【释义】

谦虚是美德，但过于谦虚的人可能心怀诡诈。

【小白新读】

古人云，谦受益，满招损。为人处世谦虚一点有好处，但如果面对本应当仁不让的事仍过分谦让，会给人一种虚伪的感觉。所以，任何事都要拿捏好分寸，适度适当。

为人处世是一门深奥的学问，因为最难懂的是人心。一个人想立身于世，除了要注意言谈举止，提升品德修养外，也要在自身贤善人格的基础上，锻炼一双识人辨事的眼睛。

听人劝，得一半。

【释义】

听得进别人的劝告，就相当于成功了一半。

【小白新读】

能虚心听取别人的意见，对做人做事非常重要。傲慢的高山上留不住功德的水，一个人倘若目中无人，几乎不可能容得下各种声音和意见；相反，低洼的山谷，却能够容纳来自高山的瀑布、清流。一颗谦卑的心，就像一个巨大的容器，能够广纳各种言论。

对于外界的意见，我们不可不听，但也不能轻信。一定要结合实际情况，冷静客观地判断，不要盲从。

> 三人行，必有我师焉。
>
> 择其善者而从之，其不善者而改之。

【出处】

出自《论语·述而篇》。

【释义】

三个人一起走路，其中必定有人可以作为我的老师。看到善的品德，我选择向他学习；看到不善的地方，就作为借鉴，改正自己。

【小白新读】

所谓老师，是知事理而能传授于他人的人。任何一个人，再好学、再善学，也很少能穷尽一切事理。因而，很多人在一起的时候，善于向别人学习的人，知识的圆圈往往会越来越大。

不过，来自他人的知识也会有正确和谬误等不同情况，就像一个人的品德也会有善恶等多种面向。在向他人学习时，并不是去评判他人的正误或善恶，而是要把重点放在他人的优点、擅长点上，这样才能让自己有所启发，获得进一步提升。

凡人不可貌相，海水不可斗量。

【出处】

《元曲选》无名氏的《小尉迟将斗将认父归朝》中写道："古语有云：'凡人不可貌相，海水不可斗量。'"

明·吴承恩《西游记》第六十二回中亦有："陛下，人不可貌相，海水不可斗量。若爱丰姿者，如何捉得妖贼也？"

【释义】

就像海水无法用斗去度量一样，一个人的能力、才华、气量和未来，也不能根据外在的相貌等评估。

【小白新读】

过去，有个姓王的人，在朝为官。他有三个儿子，也都出仕在外。大儿子和二儿子都婚配了，只有三儿子没成家。一年春节，王大人带着儿子回家过年，发现夫人年纪大了，不能料理家务，便想从两个儿媳妇当中挑一个来管家。老两口商议好后，决定出题来考考她们。

第二天，王大人叫来两个儿媳，让她们去集市买货，他让老大媳妇买骨包肉，让老二媳妇买肉包骨。两个儿媳带着钱出门后，边走边叹气，她们压根不知道公公究竟让买的是什么。

东庄郝山家的五姑，撞见二人愁眉苦脸的样子，便走上前去询问了一番。听完二人的讲述，丑姑恍然大悟，好心地指点老大媳妇去买了两斤核桃，又让老二媳妇买了两斤大枣。

后来，王大人见两个儿媳都猜中了自己的谜题，便询问她们是怎样猜中的。她们便把集市上的遭遇如实告诉了公公。

原来，这丑姑是东庄郝山家的小女儿，因为长得又黑又丑，便被人叫作丑姑。王大人知道，丑姑虽然长得不大好看，但脑子却好。于是忙差人去请了媒婆，让她给自己的三儿子提了亲，很快便把丑姑娶进了家中。

这就是人不可貌相的一个典型故事。如今，虽然是一个重视颜值的时代，但我们千万不要被一个人的皮囊蒙蔽了双眼，还是要多观察，多花些时间去了解对方的内在。

蒿草之下，或有兰香，茅茨之屋，或有侯王。

【释义】

蒿草般的野草下，可能长有芳香的兰花；茅草屋中，将来也许能出个位及王侯的大人物。

【小白新读】

待人接物，不要有高低、贵贱等二元对立的分别心。万事万物瞬息万变，风水不知道什么时候就变了。今天富贵的人，明天可能会落魄；今天贫贱的人，明天可能就撞大运了。要以平等、谦卑之心待人。

莫道坐中安乐少，须知世上苦情多。

【释义】

不要认为平平淡淡过日子，闲来无事很平常，要知道这世上，苦难的人有很多很多。

【小白新读】

当我们衣食无忧、身康体健的时候，不要认为一切都理所当然，要知道，有时候自己的寻常便是别人的期盼，自己的幸运也是别人的梦想。

思量挑担苦，空手做是福。

【释义】

想到挑担人的辛劳，觉得自己肩无负累、手无重物地做事，已然是一种福气了。

【小白新读】

想到生病的痛苦，就会感到健康是一种幸福；想到癌症化疗的痛苦，就会知道感冒吃药是一种幸福；想到年老体衰的痛苦，就会感恩年轻力壮是一种幸福；想到口袋没钱是一种痛苦，就会反思仍有余裕是一种幸福；想到身负巨债是一种痛苦，就会感念即便没钱也是一种幸福；想到天灾人祸的痛苦，就会了解天下太平也是一种幸福。

人生的痛苦，来自总是用别人拥有的跟自己没有的做比较，却从不反过来审视自己拥有而别人没有的。学会知足，便是拥有了世间最宝贵的财富。

体无病为富贵，身平安莫怨贫。

【释义】

身体没有伤病，就是真富贵，一家子都平平安安的，就不要抱怨贫穷。

【小白新读】

完美的命运几乎是没有的。即便是高高在上的君王，也有求不得的时候；即便是威权赫赫的将领，也有爱别离的时候；即便是美若天仙的女子，也有不欲临的时候。千万不要拿别人命格里的长，来比照自己生命里的短。

吃尽美味还是盐，穿尽绫罗还是棉。

【释义】

没有盐的支撑，就没有美味佳肴；没有棉花纺纱织布，就没有绫罗绸缎。

【小白新读】

正如任何美食都少不了盐，任何华服都少不了棉一样，各行各业中也都有自己的核心和诀窍。比如一部电影除了要有精彩的故事情节、精致的舞美设计、动人的配乐外，重要的是要有演技精湛的演员去表现。

从一滴水中可以看到大海，要学会抓住事物的核心。

俗话说，论吃还是家常饭，论穿还是棉布衣，论暖还是结发妻。吃过了饕餮盛宴，会发现还是家常菜最养胃；穿遍了锦衣华服，会发现还是棉衣最贴身；看过了美女万千，才觉得还是结发的妻子最贴心。无论置身何处，家财多少，人都不能忘本，不能忘记从出发的时候起，陪伴自己的人、事、物。

良田万顷，日食一升。
大厦千间，夜眠八尺。

【出处】

宋·陈录《善诱文》引赵清献语："良田万顷，日食二升；大厦千间，夜卧八尺。"

【释义】

纵有良田万亩，每天吃的也不过一升；纵然坐拥广厦万千，夜里睡觉也只需要八尺之地。

【小白新读】

世间的物质可以很丰富，但一个人真正需要的并不多。在满足基本的生活条件后，其他锦上添花的东西，并没有太多的实在意义。哪怕是一国君主，或是世界首富，也是日吃三餐、夜睡一床而已。

可惜，人的欲望常常没有止境。疯狂迷恋物质的人，往往被欲望所缚，无法自拔。钱财越多的人，并非越快乐。纵观古往今来的豪绅富户，他们的烦恼和压力比常人多得多，也大得多。

当一个人的欲念无止境膨胀时，无论拥有多少财产，都不会满足。所以，重点并不在外物，而在于是否有很重的贪念和执着。

莫将容易得，便作等闲看。

【出处】

元·高文秀《渑池会》一："这玉出荆山，长荆山，卞和为此可便遭危难。……您若将容易得，便做等闲看。"

【释义】

不要以为一些东西能轻而易举得到，就把它们视作等闲之物，毫不珍惜。

【小白新读】

世间万事不离因果，看似随机和偶然的事物，背后也有不为人知的因缘。比如阳光、清风和雨露，我们不费吹灰之力就能享受到，这并非老天慷慨，而是因为众生的共业感召。倘若不加珍惜，比如这些年人类大面积破坏雨林、草原等生态环境，那么四大不调、全球变暖等恶果也自然降临，这些都在逐步影响包括人类在内许多生命的安全。

个人的生活也是如此，倘若一个人总是对自己获得的财富、地位、人气、掌声、鲜花、礼物等习以为常，不知珍惜，当福德耗尽时，也一定会感受从云端跌入泥泞的凄苦。因此，我们一定要学会心怀感恩，惜福培福。

不会凫水怨河湾，不会犁田怨枷担。

【释义】

不会游泳的人，才会觉得河湾是多余的；不会犁田的把式，才会责怪农具不好用。

【小白新读】

没有真本事，却一味地归咎于其他因素的心态和行为，不仅不可取，更是对自己生命责任的推诿。行有不得，反求诸己，多从自身找问题，就不会抱怨。

莫怨自己穷，穷要穷得干净；

莫羡他人富，富要富得清高。

别人骑马我骑驴，仔细思量我不如，

等我回头看，还有挑脚汉。路上有饥人，家中有剩饭。

【释义】

不要抱怨自己穷，穷要穷得清白干净；不要羡慕别人富，富要富得高尚正派。别人骑马，我却只有驴当坐骑，仔细比较我不如人，可是等我回头一看，后面还有挑担的走路人。路上有讨饭的，饭都吃不饱，我至少家里还有剩饭可以饱腹。

【小白新读】

一个富裕家庭的孩子跟普通家庭的孩子一起体验两天的生活。富裕家庭的孩子能从父母那儿得到很多零花钱，长期有保姆陪伴。普通家庭的孩子没什么零用钱，不过妈妈手艺好，能做各种好吃的食物，爸爸也可以经常带他看展、参加活动。两个孩子先在富裕家庭待了一天，然后又在普通家庭待了一天。

事实上，富裕有富裕的优越，普通也有普通的幸福。过什么样的生活，除了受客观条件影响，更多还在于主观感受。搞清楚自己究竟想要的是什么，不攀比，不虚荣，快乐会变得很容易。

人生知足何时足，到老偷闲且自闲。
但有绿杨堪系马，处处有路通长安。

【释义】

该知足时且知足。人老了有了清闲也是一种安乐。哪里有杨柳，哪里就能拴马，到处都有路，可以通向长安城。

【小白新读】

万事随缘，珍惜当下，千万不要苛求、贪求。此路不通，换他路；此人不对，有他人；这回不成，下次努力。

成事在天，也在人。有决心，有毅力，有随遇而安的心态，更容易水到渠成。

根深不怕风摇动，树正何愁月影斜。

【出处】

明·郑国轩《白蛇记》二九："无故将人扯住衣，同见国公讲是非。根深不怕风摇动，树正何愁月影斜。"

【释义】

扎得深的树，不怕强烈的风动摇它；笔直的树，不烦恼月亮会让它的影子斜着。

【小白新读】

在做事上，一定要夯实基础，这样才会像大树一样，有不会轻易被外力撼动的根基；在做人上，一定要端正品行，任何时候，问心无愧，站得稳、行得正，就不会惧怕飞短流长的影响。

为人莫做亏心事，半夜敲门心不惊。

【出处】

清·王浚卿《冷眼观》第二十六回："大约是说上等人扪心午夜，暗室无亏，本来无须鬼神监察，即俗语'为人不做亏心事，半夜敲门心不惊'之意。"

【释义】

不做有亏良心的事，即便是半夜有人敲门，心里也不惊慌。为人做事耿直正派，光明磊落，任何时候都会坦坦荡荡，不慌不忙。

【小白新读】

君子坦荡荡，小人长戚戚。不知敬畏、不辨善恶、为非作歹的人，才容易陷入担惊受怕中。而光明磊落、事事恭谨、言行有度的人，自然一身正气，不会惧怕突然的惊扰。

> 人在家中坐，祸从天上落。
> 但求心无愧，不怕有后灾。

【释义】

人在家里坐着，灾祸从天上掉下来了。只要自己问心无愧，不必忧虑会有什么灾祸。

【小白新读】

荣辱福祸不会毫无理由地加在一个人身上，种什么因得什么果，一切福祸都是自己招致的。俯仰无愧于心，不做昧良心的事，任何时候都不会惊慌失措，因为自己对得起天地、对得起他人、对得起自己。

古人说，心合则福来，心散则福散。福不可徼，养喜神，以为招福之本；祸不可避，去杀机，以为远祸之方而已。也就是说，常保喜乐，满腔和气，是幸福的根本。即便灾难无法避免，但如果能消除杀机、心无怨恨，那么也可以远离灾祸或者降低灾祸的影响。

因此，想要过太平日子，一定要保持祥和安静的心态。心平了气就和，就可以避免内外的争执。没有争执，生活自然安宁。

官有公法，民有私约。

【释义】

政府有国法条文，百姓有乡规民约。

【小白新读】

国家有国家的制度、法律、规定，民间做事也有民间具体的协定、条约、合同，所有人都需要尊重和履行，倘若随意逾越，社会会乱套；合作也会告吹。

没有规矩不成方圆，没有五音难正六律。人与人交往组成一个社会，而社会能够和谐的前提，是所有人都服从一套公认的行为准则。国法、民约就是这样的法则和约束。它们与人类社会同步成长，经历了无数艰难险阻，甚至是血雨腥风才被总结、提炼出来。

▍ 若要人不知，除非己莫为。

【出处】

汉·枚乘的《上书谏吴王》："欲人勿闻，莫若勿言；欲人勿知，莫若勿为。"

清·石玉昆的《三侠五义》第七十一回中亦有提及："俗言：'若要人不知，除非己莫为。'哪日倪太公得了此子，早已就有人知道，道喜的不离门。"

【释义】

要想人家不知道，除非自己不去做。干了坏事，终究是要暴露的。

【小白新读】

一个人无论多会伪装，多会隐藏，是狼就藏不住锋利的獠牙，是狐狸总会露出狡诈的尾巴。掩耳盗铃，除了欺骗自己，根本无法永远蒙蔽其他人。不要以为背后说一句别人的坏话，别人就听不到；不要以为昧良心的事做了，不告诉别人，别人就不知道。想赢得别人长久的尊重，那些是非、八卦不如不说；想树立人前人后统一的面孔，那些人前一套、背后一套的动作就不要做。

宁可直中取，不可曲中求。

【出处】

出自《夏商合传·有商志传》三："马氏曰：'虽钓王侯，亦必曲钩而得。焉有直钩而能取者乎？'子牙又曰：'吾宁向直中取，不可曲中求。'"

【释义】

宁愿用正当的方法获取，决不用不正当的手段谋得。做人做事要光明磊落，不走歪门邪路。

【小白新读】

姜子牙在岸边钓鱼，用的是短竿长线，系竹钩，没有诱饵。一名叫武吉的樵夫看到姜子牙用不挂鱼饵的直鱼钩钓鱼，甚至还嘲笑他百年都钓不着一条鱼。即便遭人嘲讽，姜子牙还是不动声色，更没有改变自己的心志，始终坚持抱负，最终赢得了周文王的青睐，成为周朝的丞相。

这个故事、这句话其实都是在告诉我们，做人要正直、有原则。即便追求名利，也要堂堂正正争取，而不要曲意逢迎，丧失人格。

但能守本分，终身无烦恼。

【释义】

只要老实本分做人做事，就不会有多余的烦恼。

【小白新读】

有位国王年纪大了，想着要选一个继承人。他给国家每个孩子发了一些花籽，让他们回家种，并告诉人们，谁种的花最漂亮，谁就会继承王位。竞选的日子到了，大多数孩子都高高兴兴地捧着美丽的鲜花来到国王身边，只有一个孩子垂头丧气，因为他捧着一个空花盆。后来，这个没有种出鲜花的孩子顺理成章成了继承人。为什么呢？因为国王分给大家的花籽都被煮熟了，根本种不出花。

所谓本分，就是舍弃贪欲、虚伪、竞争乃至争斗，回归赤子之心。老子在《道德经》中也多次赞赏婴儿、孩童的品性，因为他们是安分守己、抱璞守真的代表。可惜的是，很多人在成长过程中，在名利的诱惑下，本真渐失，离本分越来越远。为了能够让自己返璞归真，我们应该仔细审视，努力剥离覆盖在光明本真之上的贪欲、嗔怒、怀疑、嫉妒和骄慢，这样不仅对自己的身心有益，也能让世界更美好。

近来学得乌龟法，得缩头时且缩头。

【释义】

人要向乌龟学习，在局势不利时，将头缩到壳子中去。

【小白新读】

乌龟的行为对我们也是很有借鉴意义的，能屈能伸。退缩时就躲在坚硬的壳里，任外边风吹雨打、冷嘲热讽。强大的恐龙早已灭绝，任看似弱小的乌龟却绵延至今，成为长生不老的传说。我们不能嘲笑那些一时的"缩头乌龟"，或许在那些龟壳里，隐藏着不屈的灵魂。

大纵横家鬼谷子曾经说过，万事得成于忍，与其能辩，不如能忍；千秋多败于愤，与其勇烈，不如圆融。可见，成功源于懂得避锋芒、能屈伸。忍耐不是懦弱，反而是智慧的表现。

越王勾践倘若没有受尽屈辱、卧薪尝胆的十年，或许就无法率领三千越甲打败吴国。局势不利时，千万别逞英雄，一定要量力而行。与其硬扛，不如退一步，好好修整身心，重新出发。

是非只为多开口，烦恼皆因强出头。

【出处】

宋·陈元靓《事林广记》："是非只为多开口，烦恼皆因强出头。"

【释义】

惹出是非往往因为讲话太多，遇到烦恼大都缘于逞强出头。

【小白新读】

是非在生活中常有，但大多数是非都是多事而自找的。遇事好逞强，有事强出头，很容易成为众矢之的。凡事要忍耐，进退有度。

病从口入，祸从口出。嘴巴除了用来呼吸、吃饭，大多是用来说话。修炼自己的口德、口相，不会妙语连珠，不妨保持沉默。千万要杜绝挑拨离间、戏论隐私八卦的无义之言。即便我们无法用嘴巴和语言解决问题，至少也要避免让它们制造问题。

灭却心头火，剔起佛前灯。

【释义】

唯有消除心中的贪嗔痴等烦恼，才能让慈悲和智慧不断增长。

【小白新读】

人的痛苦看似来自外界，实际来自内心。大多数的不如意、痛苦，都是自心的造作。

求不得的东西非要得到，就是心头之火的一种体现，贪火烧心，苦不堪言。生气发火或者情绪陷入悲欢离合中，也是一种心头火。人太恼怒或太过激动，则容易做出不理智的行为，给自己带来巨大的损失。

心火太旺，人就烦躁，唯有把心火熄灭，才能复归清净、清凉。心火不熄，并非天气太热，也并非外境繁杂，更多还是在于内在的各种矛盾。心静则心凉，心净则心清，红尘里修炼，最重要的不是控制外境，而在于洗涤内心的尘埃，消除各种妄念，让自心成为真正的清凉大千。

忍得一时之气，免得百日之忧。

【出处】

明·佚名《四马投唐》第二折：（李密云）王伯当，我忍不的了也，兀的不气杀我也。（正末云）元帅息怒，可不道"忍得一时之气，免得百日之忧"也。

【释义】

人在气头上一时的忍耐克制，能免去长久的忧愁烦恼。

【小白新读】

世事纷繁复杂，人的性格更是千人千样。在人来人往中，难免会产生一些摩擦或冲突。忍一时之愤的道理，很多人都懂，但做起来却不那么容易。

唐朝有位四朝元老叫郭子仪。战乱时，敌人把他家的祖坟都挖了。郭子仪听到后大哭，却没有报复，也没有生嗔愤心。他的第一反应是想到个人境遇的普遍化，天下大乱，祖坟被刨的不计其数，自家只是其中之一。他又反观了自身，发现自己带的军队可能也曾刨过别人的祖坟。既然如此，这是自己的因果，不应该责怪别人。日常生活中，一旦遇到情绪上头的事情，我们也可以从各个角度思考问题，观照反省自己。

藏 拙

> 好汉莫被人识破，看破不值半文钱。

【释义】

人无完人，英雄好汉未必都像传说中那样完美，想要保持人们心中的好形象，要知道把不足的地方稍稍收起来。

【小白新读】

有句话说，得道莫还乡，还乡道不香。意思是，一个成功的人，如果不想让别人知道自己的过去，最好不要回到家乡。很多混出头的人在外面耀武扬威，但一回到老家，老乡们可能并不把他们当回事儿，因为大家彼此知根知底。

不仅是普通人，以前的帝王也很忌讳别人提自己的外号或糗事。比如，明太祖朱元璋称帝后，就有两个发小来找，想着沾点光，升官发财。其中那个懂得"为君者讳"的发小，见到朱元璋后，说的都是歌功颂德的话，而另一个过于耿直的发小，大大咧咧说起了朱元璋小时候撒尿和泥的糗事。最后，前者得到了提拔，后者则被砍了头。

想要维护自身的良好形象，最好能保持好人前的神秘感。

宁在人前全不会，莫在人前会不全。

【出处】

清·石成金《笑得好·老虎诗》："古人说得好：'宁在人前全不会，莫在人前会不全。'若有学问，不妨讲说；如或有头无尾，不如不说。"

【释义】

宁可在人前说自己没本事，啥也不会，也不要在人前不懂装懂，丢人现眼。

【小白新读】

孔夫子说过，"知之为知之，不知为不知，是知也"。人无完人，面对很多不在专业领域内的事，不懂很正常。倘若的确不会、不知道，那么坦诚说也无妨。怕的是为了得到别人的夸赞和肯定，吹嘘放大自己的才能，等真正做事时却没有真才实学，让人失望。有时候，降低他人的期望，也是对自己的一种保护。

做人做事，要把握好分寸和先后顺序。面对一知半解的事，与其硬着头皮插话，不如保持沉默，收起锋芒，耐心倾听学习。

慎 独

万事劝人休瞒昧，举头三尺有神明。

【出处】

语见《醒世姻缘》第五十四回："万事劝人休碌碌，举头三尺有神明。"

【释义】

任何时候、任何事都不要昧着良心、隐瞒真实情况，因为头顶有神明在看着呢。

【小白新读】

人在做，天在看。不要以为瞒过一时和少部分人，其他人就不知道了。人不知天知。无论做人还是做事，都要遵守基本的道德底线，不要掩耳盗铃，胡作非为。

人间私语，天闻若雷。

暗室亏心，神目如电。

【出处】

语见《十二楼·拂云楼》："岂不闻'人间私语，天闻若雷。暗室亏心，神目如电'？"

【释义】

人间的悄悄话，老天爷听在耳朵里，像雷声一样响亮；独处时暗自做下的亏心事，在神灵的眼中，像闪电一样明澈。

【小白新读】

《西游记·收服青牛精》中，猪八戒偷了衣服给师父穿，还说是神不知鬼不觉，就跟捡来的一样。可唐僧却怎么都不肯要，他告诉八戒这是偷盗。

若要人不知，除非己莫为。对背地里说的是非八卦、做的亏心事不以为意，会损害自己的德行，别人不知道还好，一旦被人发现，则信誉尽损。

> **无口过是，无眼过难。**
> **无身过易，无心过难。**

【释义】

人不说错话容易，不办错事难；不做错事容易，不产生坏念头难。

【小白新读】

口、身的过错，通过刻意训练，相对是比较容易防范的，最难防范的是内心时不时冒出的恶念和邪念。

心是身体、嘴巴的主导，一个能真正掌控自心的人，掌控自己的言行会十分简单。擒贼先擒王，在修身修口的过程中，始终要记得把修心放在首位，心修好了，身和口自然听话。

再三须慎意，第一莫欺心。

【释义】

遇事要再三考虑，慎重行事，首先要顺从自己的良心，千万不要自己骗自己。

【小白新读】

曾子说，一天中，我会多次反省自己，是不是帮别人做事却不够忠心，是不是跟朋友交往不够诚心，是不是学习的内容却没有温习。

过错并不可怕，可怕的是对过错视而不见，甚至连看都看不到。做人做事，乃至修养身心，都需要我们去缜密观察自己的心念，坦诚反省自己的过失，这是进益的前提。

立身处世

叁

养生之法

爽口食多偏作病，快心事过恐生殃。

【出处】

宋·陈录《善诱文》："爽口味多须作疾，快心事过必为殃。"

【释义】

好吃的吃多了容易得病，高兴过头了容易遭殃。

【小白新读】

随着生活水平的提升，饮食的范畴、种类、选择也越来越宽泛。倘若在吃东西时不加节制，不按时吃，乱吃，会很容易导致疾病，损害健康。同样地，春风得意的时候，难免得意忘形，容易招致旁人的嫉妒和厌恶，甚至让好事变坏事，这就是乐极生悲。

孔子在《论语·乡党》中提出了"不时不食"的观点，提倡吃当令应季的食物。古人有着严格的饮食态度，比如，讲究以五谷为主，肉菜为辅，因为肉类容易生痰湿，阻滞气血，造成消化不良。反季节的蔬菜虽然可以偶尔调剂，却也不能主次不分。

豆腐多了是包水，梢公多了打烂船。

【释义】

豆腐中的水过多，就会失去应有的味道；艄公过多，就会打乱行船的秩序。

【小白新读】

生活中这样的例子比比皆是。比如，父母想把最好的给孩子，于是一边将自己觉得好的一股脑都给了孩子，一边担心这担心那，无暇顾及孩子的需求和意愿。当孩子开始反抗的时候，又叫苦不迭。又比如，情感关系中，一方无法给予另一半足够的空间，过于黏人和依赖，当对方崩溃逃离时，想挽回也无力回天。

物极必反，事事要奉行中道。世间最难的就是十全十美，天上的月亮，圆了很快会亏缺；枝头的果子，一旦熟了就会坠落。凡事留一点余地，反而能更持久。

万金良药，不如无疾。

【出处】

宋·黄庭坚《薄薄酒》（其一）："丑妇千秋万岁同室，万金良药不如无疾。薄酒一谈一笑胜茶，万里封侯不如还家。"

【释义】

钱再多，药再灵，也不如身体健健康康的。

【小白新读】

生命要有长度，也要有质量。即便坐拥金山、银山，能请来天下名医，选用最珍贵的药材，但人却只能精神恹恹，缠绵病榻，这样的生命，即便再长也是煎熬。

内心自在、知足，就不会拘泥于外物，要先找到内在的幸福感。人生是自己的，日子也要自己过，好坏与他人无关。对自己百分之百负责，须知道什么是生活的必需，什么是内心的欲望，什么该珍惜，什么该放弃。无论贫富、高低，对所有人而言，身体康健是一切的前提。有了健康的身体，再谈诗和远方。

不淫当斋，淡饱当肉。缓步当车，无祸当福。

【释义】

把没有淫念当作斋戒，把粗茶淡饭当成美味佳肴。慢步行走，就当是乘车而行，生活里无灾无祸就已经是福气了。

【小白新读】

人的身体是气血筋骨等的组合，需要依靠饮食、运动、休息等方式好好养护。一个人若在色欲方面不能节制，一开始在身体上可能没什么明显的反应，但日积月累，就会有精髓亏损、气血败坏等现象，最终人同朽木。

根据《黄帝内经》，人年轻时如果沉湎色欲，每次精气流失后，大概7天可以恢复。然而，随着年岁的增长，气血恢复的速度会越来越慢，周期也会越来越长。夏季，人的心火旺盛，过度流失肾精，会压不住心火，心脏容易出问题；冬季是封藏的季节，也需要好好保存肾精。

除了节欲外，饮食有节、起居有常也非常重要。饮食有节，指的不仅有节制，吃个七八分饱，也指根据个体体质等客观因素，去合理地饮用饮品、食用食物。而三餐规律、睡眠时间都需要相对固定，这样才能打好身体康健的基础。

　　身体好了，心理状态也要好。一个知足的人，即便没有饕餮盛宴，没有宝车别墅，日子平平淡淡，也不会觉得匮乏、不安。

节食以去病，少食以延年。

【出处】

出自《尊生格言》。

【释义】

故意不食用某种食物，或只吃某些特定的食物，有让病情消除、身体好转的作用。饭只吃半饱或七分饱，也是延年益寿的一种方法。

【小白新读】

每个人的体质不同，对食物的接纳度和敏感度也不同。相同的食物，一些人吃了没问题，一些人吃了就上火、过敏。每个人都需要花一些时间了解自己的身体状况，了解身体对食物的需求，而不是头脑对食物的需求。

节食和少食，可以避免身体肥胖、保护消化系统，但也不能长期和过度，否则容易导致营养不良、免疫系统功能下降等问题。

思虑之害甚于酒色，日日劳力上床呼疾。

【出处】

前句出自明·谢肇淛的《五杂俎》。

【释义】

心中忧郁多虑带来的危害，远大于沉迷酒色带来的危害。每天操劳会让身体乏力，痛苦不迭。

【小白新读】

思虑太多的人，心火很旺，心火旺会导致肾水下涸，心肾都容易有问题。从古至今，思虑过度的贤才能人不在少数，蜀汉的诸葛亮就是典型。他不仅在刘备在位时，为蜀汉的发展呕心沥血，而且在刘备去世时，临危受命，不忘知遇之恩，事必躬亲，结果积劳成疾，年仅54岁就病逝了。

学习、做事都要注意劳逸结合，松紧适度，如果身体和思维的弦绷得太紧，不仅对身心健康不利，也会影响做事效率和结果。

> **要做快活人，切莫寻烦恼。**
> **要做长寿人，莫做短命事。**
> **要做有后人，莫做无后事。**

【释义】

要想开心快乐，就不要自寻烦恼；要想长寿无病，就不要做杀生等短寿事；要想子孙绵延，就不要做损阴德的缺德事。

【小白新读】

一个人一生要体验的苦乐、寿命长短、有无子嗣，是定数却也不是定数。想要做个快活、没有烦恼的人，关键在于以什么样的心态和方式，去应对痛苦、疾病等。不知反省，躺平摆烂，必然不是解决问题的长久之策；急于摆脱现状，过分强求，也容易雪上加霜。如何在两者之间不偏不倚，找到平衡点及适合自己的节奏，是每个人都需要去经历、体会、思考的重要课题。

酒赌淫偷之害

清清之水为土所防，济济之士为酒所伤。

【释义】

多少洪水被沙土阻塞，多少志士豪杰的身心被酒伤害。

【小白新读】

几千年前，印度一位叫莎伽陀的长老，在一条恶龙经常出没的地方打坐，并降伏了恶龙，使百姓过上了安生日子。此后，莎伽陀的名声广为流传，成了很多人尊崇、供养的对象。

一位贫苦女人准备了一些食物供养长老，且担心他光吃乳糜会太冷，端来一杯无色透明的酒，想让长老暖暖身。长老看都没看，一股脑喝了下去。不久，酒力开始发作，他站都站不稳，最后僧服、钵盂、禅杖、草鞋等随身物品通通散落在地。

像这样具备降龙伏虎威力的能人，喝了酒都会丑态百出，更何况普通人呢？明代大医药家李时珍也说，过饮不节，杀人顷刻。过量饮酒不仅对身体有害，而且一旦醉了，会很难控制自己的言行，做出什么事都有可能。为了避免酒后伤身和酒后误事，我们应该对酒类饮品保持警惕。

莫饮卯时酒，昏昏醉到酉。

【释义】

不要在清晨喝酒致醉，这样会一整天晕晕沉沉，直到黄昏。

【小白新读】

古代的一个时辰，相当于现在的两个小时。而每个时辰所对应的天干、生肖也不同。卯（兔）时，就是指早上的五点到七点这两个小时，在这个时间段我们不应该喝酒。酉（鸡）时，指的是下午的五点到七点，这恰好是太阳落山的时候。

喝酒的人，不仅是晕乎乎、醉醺醺的，而且很容易昏昏入睡。白天是适合清醒劳作的时间，倘若从早到晚把六个时辰白白空耗了，实在很可惜。

若要断酒法，醒眼看醉人。

【释义】

想戒酒却又下不了决心，最好的办法是清醒的时候去看看醉酒者的丑态。

【小白新读】

国学启蒙经典《弟子规》中也说："年方少，勿饮酒，饮酒醉，最为丑。"如今，世界的大多数国家都有立法规定，比如，青少年不能饮酒，不能买酒；成年人饮酒后不能驾车等。无论古今，世间对断酒是有共识的。

过去，楚共王和晋国打仗，败了，共王的眼睛还中了一箭。为了在下次的战斗中赢得胜利，楚共王耗费心血。一次，他让手下找一位名叫子反的司马商讨下一步的军事安排，结果，左等右等这位司马都没有来。原来，司马子反酒喝多了，醉得如同烂泥一般。楚共王仰天长叹，这是老天要败楚国啊。

当今，各种喝酒乱象也层出不穷。酒后驾驶导致的车毁人亡的事件数不胜数。为了自己和他人的生命安全，能断酒的要断酒，断不了的也要适量。

盗贼多出赌博，人命常出奸情。

【释义】

赌博会导致做贼，奸淫会导致杀人。

【小白新读】

明代冯梦龙在《警世通言》中也提到，赌近盗，奸近杀。想赌、好赌的人，最开始大多出于想赚钱，但渐渐地，十赌九输，出得多、进得少，赌来赌去，钱不但没多，反而少了。这时如果想往回捞一点，来来回回，就越发不能自拔了。等到输到山穷水尽，没有出路时，就不得不去偷了。当然，赌博的危害，远不只个人的钱财得失，偷鸡摸狗，严重的还会危害家庭，落得卖妻卖女、妻离子散的下场。

除了"赌博场中出盗情"外，还有"花柳巷内出人命"。清代何刚德在《客座偶谈》里提到，他在外做官二十几年，接触过的命案多是因奸情而起，谋财害命的反而是少数。《水浒传》中西门庆为了跟潘金莲双宿双飞，设计杀死了武大郎，后来武大郎的弟弟回来，知晓事情的始末后，又杀死了谋害兄长的两个人，也是天道轮回。

万恶淫为首，百行孝当先。

【释义】

在多种罪恶中，淫乱是各种罪恶的开端；在许多品质中，孝顺是首要的品行。

【小白新读】

《围炉夜话》中说，百行孝为先，论心不论迹，论迹寒门无孝子；万恶淫为首，论迹不论心，论心世上无完人。

说到色欲，世间很难有从未被其他异性吸引，心中泛涟漪的人，但心有涟漪，不意味着一定要去争取和获得。儒家说，发乎情，止乎礼。人有情感的波动很正常，但能否守好礼，是考验。在这方面，要以一个人的行为去判断，而非在对方的起心动念上计较。

在孝顺父母方面，则要看重心意，而非外在行为。那些给父母提供锦衣玉食的人，不见得就是真孝顺。若以贫富为标准，贫寒之家就没有孝子了。

面对不同的场景和对象，要采用不同的方式去观察他人、要求自己。

> 酒不护贤，色不护病；
> 财不护亲，气不护命！

【释义】

喜欢喝酒的人，即便是贤能，也容易伤身失德；重色纵欲，是疾病痛苦的来源；在利益面前，即使是亲人朋友，也容易受伤；怒气伤肝，更有甚者会伤及性命。

【小白新读】

酒，很多人都会喝上两口，但喝多了会脑袋发晕，思维迟钝。即使是贤能，饮酒过度，头脑也会混沌。所以，饮酒应适当。

窈窕淑女，君子好逑。向往美好，是人的天性。美色固然赏心悦目，但贪恋美色却伤身伤心。得不到，辗转反侧；得到了，又害怕失去。过度沉沦色欲，会让身体的精气流失，免疫力下降。

古人云，有钱能使鬼推磨，可见钱财是很有用的。有用，不意味着万能。比如，钱财买不来真正的亲情、友情，也买不来内心的智慧和善良。古往今来，遗产争夺、情色交易、贪污腐败，大多归因于"钱"。俗话说，穷死不耕丈人田，饿死不打亲戚工。想维持一段亲密关系，最好能剥离利益；想了解对方值不值得深交，也要观察对方在金钱上的态度。

容易生气的人，度量不见得大。气大伤身，嗔心多了，不仅对精气神有害，对寿命也有影响。最典型的就是《三国演义》里的周瑜，当时他有伤在身，诸葛亮三次设计羞辱，结果把年纪轻轻的周瑜给气死了。同样的情况，也发生在后来诸葛亮与王朗的对决中，在诸葛亮三言两语的攻击下，王朗栽倒阵前，一命呜呼。放大心量，就不能把他人的谋算和挑衅当真。

酒、色、财、气与每个人的生活、生命息息相关，越关切就越要重视，无论何时都要掌握好度。

见钱起意便是贼，顺手牵羊乃为盗。

【出处】

出自《礼记·曲礼（上）》："效马效羊者右牵之。"

【释义】

看到金钱财物，就起了想要占有的念头，把别人无意落下或精心收藏的东西顺走，这些都是小偷的体现。

【小白新读】

不是非得有偷窃的行动，或者偷得了别人的东西不可，才算偷盗。哪怕是心中起了一个小小的想要据为己有的念头，也离偷窃、盗贼不远了。

▍少当少取，少输当赢！

【释义】

少典当一点，就算是有了小小的收获；输了一点钱，就当是获得了小胜利。

【小白新读】

勇者知行，智者知止，当行则行，当止则止。在该坚持、该行动的时候，耐心坚持、果断行动，在该放松、该停下的时候，安心放松、果断放下，也是一种智慧。做任何事情，都要审时度势，把握好度，不能一味地往前冲。

正确看待金钱

人为财死，鸟为食亡。

【出处】

《官场维新记》第十三回中就有此句："俗语说得好：'人为财死，鸟为食亡。'当时袁伯珍听得这些说话，便要从此发一宗洋财。"

【释义】

人为了追求金钱，连命都可以不要。鸟为了争夺食物，宁可失去生命。

【小白新读】

不仅是人类，连动物在难以生存的情况下，也会用尽全力，甚至不择手段。

一个人喜欢钱，并没有什么问题，但非法手段得到的钱财，不仅违背仁义道德，而且天理循环，往往难以善终。

此外，人也不能过于贪婪。被贪婪左右的人，很容易忘却底线。同样，人要警惕诱惑，诱惑是贪婪的催化剂。

财交者密，财尽者疏。

【释义】

因为钱财而交往的朋友，富裕时关系亲密，有朝一日钱财散尽，交情就会疏远甚至断绝。

【小白新读】

以金钱为目的而结交的人，如果双方中有一方没钱了，关系就断了。同理，依靠姿色与人交往的人，一旦美丽英俊的容颜不再，那么关系也会发生变化。世事无常，财富和容颜都是一个变量，尤其容颜更是一步步在走向衰老，基本很难逆转。过分在意金钱和外貌的人，不妨把紧张的心放松一点，在生活中尽可能以真诚之心与他人相交，不过分期许，也就不会有太多的失望了。

贫穷自在，富贵多忧。

【释义】

贫穷的人可以过得自在安逸，富贵的人却要面对很多烦心事。

【小白新读】

这句话中的富贵和贫穷，其实是相对的。古人说"富贵多忧"，这个富贵，是为富不仁的富，是欺压人民的贵。另外，这里的贫穷，是指自食其力、能够温饱的贫穷，而不是食不果腹、衣不蔽体的贫穷。

事实上，所谓的贫富，是由每个人的观念来界定的。比如颜回，他一箪食，一瓢饮，身在陋巷，也不改其乐。这样俭朴的生活，在很多人眼里是贫困，可是颜回本人却安乐、自在。

财富是人们用来生存和生活的工具，通过它可以获得一定程度的幸福，却无法获得永恒长久的幸福。心怀坦荡，无愧天地，理性看待物质和欲望，那么无论贫富，都能淡然洒脱。

欲求天下事，须用世间财。

富从升合起，贫因不算来。

【释义】

想建立世功，成就事业，要充分调动和使用一切有利的资源。富贵从一点一滴积累中来，贫穷是因为不懂得精打细算导致的。

【小白新读】

一个家庭的富贵来之不易，把握不好，眨眼间就能失去。要重视积累，也要重视节流；要努力创造财富，更要懂得珍惜财富。所谓惜福，就是要安贫乐道，养成简单朴素的生活习惯。

找钱犹如针挑土，用钱犹如水推沙！

【释义】

人们赚的每一分钱都不容易，就像拿着一根细针去挑土一样，很难；但花钱消费这个过程就变得非常简单，像是水推沙一样，毫不费力就花掉了。

【小白新读】

花钱容易挣钱难，如今的电子消费让我们对金钱没有像以前那样敏感。倘若能够养成记录花费的习惯，我们一定能从日复一日的零散信息中找到消费的真相。老一辈的人说，精打细算，有吃有喝；大吃大喝，当屋卖锅。其实，节省并不意味着降低生活质量，有时候稍稍改变一下消费观念，就能省下一些钱，而省下的这些钱可以储蓄，或者用在更有意义的事情上。

文钱逼死英雄汉，财不归身恰是无。

【释义】

英雄好汉有时也会因为一点小钱或者没钱而苦恼。钱财始终都是身外物，不会依附在自己身上，不属于自己也就相当于没有。

【小白新读】

对钱财，要豁达。拥有的时候，不要尖刻吝啬；没有了，也不要过于烦恼。

满足一个人日常生活所需的物品和金钱，其实并不多。那些充斥在人们身边的物品往往是内在欲望和混乱的外显。

通过自身福德和正当渠道获得的金钱，如果超过了日用和基本储蓄，那么完全可以做一些布施。不要如同地主周扒皮一样，一毛不拔。有舍有得，当一个人给予这个世界越来越多的东西时，世界回流给他的祝福与善意也会更多。

金银到手非容易，用时方知来时难。

【释义】

钱财能到自己手里并不容易，而人往往在用它的时候才知道来之不易。

【小白新读】

当提前消费的观念侵蚀人心后，越来越多的人选择借贷度日。把未来的钱花在现在，看似提升了当下的生活品质，实则是对未来人生的消耗。

轻而易举得到的钱财，花起来也没有太多感觉，倘若每一分钱都是自己的心血，那么在花出去的时候自然会想要珍惜。

富贵非关天地，祸福不是鬼神。

【释义】

人的贫富并不仅是因为天地，遭遇的祸福也不都是由鬼神导致的。不要把自己的富贵和祸福都归因于外界，很多时候都是自身导致的。

【小白新读】

贫富祸福并非定数。有人出身富贵之家，依靠父母积累的大量财富，身处高位，吃高级的食物，用高级的物品，品位很好，但代价也高，钱财来去如水，倘若好逸恶劳，不日积月累，再大的财库也会慢慢耗尽。有人出身寒门，起点或许不高，但依靠辛勤耕耘，点滴积累，也过得风生水起、幸福安康。不到生命的终点，很难界定一个人到底是富是贵、是福是祸，决定最终结果的并非起点，也绝非命格，还是要靠自己。

黄金未为贵，安乐值钱多。

【出处】

明·高明《琵琶记》第二出："万两黄金未为宝，一家安乐值钱多。"

【释义】

黄金并不是最贵重的，安乐价值更高。

【小白新读】

求财致富与安贫乐道并不矛盾。一方面，知足常乐，往往不会怨天尤人，也不会为了求财而不择手段；另一方面，黄白之物并非完全没有用处，逃避物欲，鼓吹安乐，极有可能是给自己的懒惰、避世找借口。不过度营求，勤勤恳恳，诚信经营即可。

人上十口难盘，账上万元难还。

放债如施，收债如讨。告状讨钱，海底摸盐。

【释义】

一下子面对的人超过十个，就很难应付了，如果欠账超过万元，账往往很难还清。借钱给别人好比善意布施乞丐，但想把债务收回，收债的人却像乞丐一样了。像通过官府告状、法律诉讼要回自己的钱，就像到海底摸盐一样，难上加难。

【小白新读】

借钱还钱，是人人都要面临的人生课题。首先，在财富使用上，时刻要记得量入为出、积少成多，千万不要过度消费。其次，在借钱出去时，要想到这个钱是有可能回不来的，如果要不回来，自己能否承担这个后果。考虑好这个问题，再决定是否可以借出，以及借出多少。人与人之间的感情，并不以金钱衡量，倘若力不能及，也无须过多挂碍。

借钱见人心，还钱见人品。无法还钱的时候，有良心的施受双方都不容易。如果自身是主动提出借钱的人，借之前也要考虑自己的偿还能力，以及是否真的需要靠向亲友求助来解决问题，最大限度地降低个人问题对他人造成的影响。

人亲财不亲，财利要分清。

【释义】

人与人之间相处，讲究的是情谊；但在钱财和利益上，讲究的是划分明确。

【小白新读】

感情归感情，利益是利益。即使是最好的朋友、最铁的兄弟，在金钱上也要划清界限。人性中只要仍有自私的一面，就很难在利益面前宽容大度。

很多人刚开始合作时因为抹不开面子，或者认为做人要仗义，在金钱问题上不分彼此，到后来当利益划分不明确或不公平的时候，却闹得不可开交，甚至跟朋友分道扬镳。利益分明，是让关系走得更长远的重要保障。

不卖香烧无剩钱，井水不打不满边。

【释义】

不把香卖出去，就没办法收到更多的钱；井水通常都在地平线以下的位置，即使不打，它也不会上升到井口边。

【小白新读】

钱只有花出去了才会再回来，不该省的钱不要省，力所能及能布施的东西，要及时布施出去。人找钱两条腿，钱找人八条腿。有福报的人，走路都会踢到黄金。好好积德行善，累积福报，这样钱财等许多回报会不求自得，不请自来。

君子固穷，小人穷斯滥矣。

【出处】

《论语·卫灵公》和《史记·孔子世家》中均有此句。

【释义】

君子在困窘时还能固守正道，小人一困窘就会胡作非为。

【小白新读】

在《论语》中，孔子及其弟子有许多关于"君子""小人"的讨论。总体而言，君子总是以天下、以他人为重，而小人往往以自己、以自利为重。顺境中，君子能宽和待人，小人也披着"君子"的外衣，和和气气。一旦落入困境，君子能坚守自己的原则，而小人则会露出自利的嘴脸，为了谋取利益、获得优势，很可能会违背道德底线。

反者道之动，真正要改变自己、改正不良习气的人，可以把困境当作机会，不断磨炼自己，从逆境困局中找到属于自己的力量，遇见更好的自己。

宁可无钱使，不可无行止。

【释义】

宁可没有钱用，也不为了钱而丢掉做人的品行，做违反道德底线甚至法律法规的事。

【小白新读】

行止，什么该做什么不该做，是生而为人应该学习和践行的准则。倘若为了一点钱财，就伤害他人，那和为了争夺一点食物就伤害甚至杀死弱小的动物，又有什么区别呢？

安分贫一时，本分终不贫。

【释义】

为人规矩老实，做事不越轨，就算贫穷也只是穷在一时。明白自己是谁，找到最适合自己、最擅长的事，终会摆脱贫困。

【小白新读】

守规矩，知奋斗的人，即便落入困境，也是一时的。有明确的目标，有匹配的能力，把时间、精力、心力投入其中，一定能有所成就。

近河不得枉使水，近山不得枉烧柴。

【释义】

即使靠近河流，也不要随便浪费水；即使靠近山，也不能过度消耗木材。

【小白新读】

居安思危，饮水思源，在任何时候都不过时。过去，我们为了谋求更多的财富和利益，破坏了自然环境和人类生存间的平衡。看到越来越多的荒漠、濒临灭绝的动物、异常缺乏的淡水，我们才慢慢懂得自然的警告与呼救。趁着一切都还来得及，我们要养成珍惜资源、勤俭节约的好习惯，取之有度、用之有节。

穷莫失志，富莫癫狂。

【释义】

虽然当下物质条件有限，但也不能丧失志向。即使生活条件十分优越富有，也不能太过高调、张狂。

【小白新读】

在困顿的时候，人很容易因为经济条件的匮乏，为了满足生存所需而疲于奔命，只关注眼前的事，无心顾及以往的志向。而一旦没有了志向，人会变得过一天算一天，生活没有任何奔头，也看不到希望，不会有进步。只有明确了志向，为此不断拼搏，人才能实现自己的目标。因此，不论外在条件如何，人都要立下志向，为之好好努力。

另外，人在有所得时容易沾沾自喜，甚至会向他人炫耀。然而，过于骄傲地显摆自己，很容易招致嫉妒和仇恨。人际关系容易出现问题，对以后的发展也会造成障碍。

经营之道

靠山吃山，种田吃田。

【释义】

靠近山林，就靠采集山里的食物为生；耕种田地，就靠田里长出来的庄稼作物饱腹。

【小白新读】

我们要学会合理利用身边的资源。背靠大山，就好好采收山里的食材、药材，变卖以获得生活所需；拥有田地，就好好耕耘，种好口粮，如能结余也可以换取更多的生活物资。

经营管理学中，也会涉及如何合理使用和分配资源的问题。无论是工作、社交还是家庭，都需要学会取长补短，借他人的优势补自己的短处，以及合理分配好时间、人力、物力等。

因风吹火，用力不多。

【出处】

出自《五灯会元》一一："问：'如何是临机……'曰：'因风吹火，用力不多。'"

【释义】

借着风力吹火，就无须用太大力气。做事要因势利导，不花力气就能办成的事，要好好抓住机会。

【小白新读】

《三国演义》中群雄并起，互相攻伐时，火攻是常用的套路。诸葛亮和周瑜为了破曹军，联袂设计的火烧赤壁就是典型。火攻为什么这么受军事家欢迎呢？因为它易于实施，威力极大，可以迅速赢得战场上的优势。《孙子兵法》中也有单独讨论火攻的篇章，曹操更是细细研究过火攻，甚至为其作注。

事实上，不仅在军事上，在事业和与人交往中，若能学会借势，再好好磨炼自身本领，就可以节省力气，事半功倍。

耽误一年春，十年补不清；

人能处处能，草能处处生。

会打三班鼓，也要几个人。

【释义】

一年之计在于春，如果耽误了，后面用再长的时间也补不回。野草可以随处生长，有能力的人在什么地方都能派上用场。即使自己会打三班鼓，也要几人通力合作，才能打出名头来。

【小白新读】

人的一生很短暂，身强体健的时光更是无常。在最美好、最宝贵的时间，有的人在享乐，有的人在奋斗，有的人在躺平，有的人在积淀，一时的差距看不出来，可十年后的差距却显而易见。趁状态好的时候，多学习，多积累，千万不要错过最有优势的发展时期。

金子到哪里都能发光，当自己真正有不可替代的能力或资源时，无论在什么位置，都能发挥作用。不要总是抱怨环境、外界不适合自己，把不喜欢的事情做好，也是一种成熟。

天生我材必有用，但事业绝非一人可以成就。一个好汉三个帮，一台戏要唱好，也得有其他人一起配合，一起努力。

隔行莫贪利，久炼必成钢。

【出处】

《念佛法要》卷二："妻曰：'此非汝家，家在何处？'曰：'我家在西方。'妻笑曰：'汝去好了。'仍打铁念佛如故。旋说偈曰：'钉钉铛铛，久炼成钢，太平将近，我往西方。'"

【释义】

各行各业有各自的门道和规矩，不要跨行获取别行的利益。一般的材料，经过长时间打磨，也能出好结果。

【小白新读】

做事不要投机取巧，别人干的行业能挣钱，可能是因为命里有，运气好，很精通。倘若什么都没有考虑过，偏要往别人做得好的行当挤，不仅浪费时间，也很难获益。

做事要专注，不能干着这行，老想着别的，甚至不断调换，在一个行当里待不住。正如铁料必须反复经过烈火的淬炼才能变成优质的钢材一样，一件事往往也要经过许多次努力才可能成功，完善的人格也是如此。

逢快莫赶，逢贱莫懒。

【释义】

遇到一路通畅，行情看涨的时候，不要盲目凑热闹；遇到行情不景气的时候，也不要过于松懈。

【小白新读】

所谓贵中看贱，贱中看贵，市场切忌赶。行情看涨的时候，不要挤破头凑热闹；行情不景气的时候，也千万不要松懈，掉以轻心。面对外界的起伏跌宕，心态要稳，稳就不会盲从，不会乱做决定，减少失误。

谋事在人，成事在天！

【出处】

明·罗贯中《三国演义》第一〇三回："孔明叹曰：'谋事在人，成事在天。不可强也！'后人有诗叹曰：'谷口风狂烈焰飘，何期骤雨降青霄。武侯妙计如能就，安得山河属晋朝！'。"

【释义】

谋划事情，要在力所能及的范围内，尽己所能，全力以赴，至于能不能成功，还要看其他很多因素的影响。

【小白新读】

成功是很多因素共同聚合的结果。在这个过程中，有可以因人而变的因素，也有人力无法改变的因素。尽人事听天命，是在能改变的部分下力气，而不是在无法改变的部分死磕。这样努力后，即便因为不可抗力，事情的结果不尽如人意，那也可以心平气和，无怨无悔，过而不纠。

> **借债经商，卖田还债；**
> **赊钱起屋，卖屋还钱。**

【释义】

借别人的钱去做生意，一旦赔本只能把自己的土地卖掉还债；用借来的钱把房子盖好了，但如果没有偿还的能力，只能把屋子再卖掉还钱。

【小白新读】

做事有风险，介入须谨慎。当实力不足、积累不深厚的时候，不要不顾一切，急于去做没有把握的事。不要听凭贪欲，恣意妄为。现实生活中，无论经商还是做人，都要务实。凡事量力而为，懂得步步为营，事先给自己留一些余地。不到万不得已，不轻举妄动。

实力不足时，借助他人的力量固然有必要，但如果把关键依托在别人身上，风险反而很大，因为一旦出现意外，不仅会自己颗粒无收，甚至还会波及施以援手的人。因此，与其冒进，不如沉潜。

人无喜色休开店，事不遂心莫怨天。

【释义】

面无喜色开店经营，就不会有客人来；时运不佳时，不要怨天尤人。

【小白新读】

面带喜色和微笑，不仅对开店迎客很重要，对日常与人交往、待人接物都很重要。蒙娜丽莎不正是因为神秘美丽的微笑，征服了世间无数人的心吗？

人与人是彼此的一面镜子，你对别人微笑，别人也会报以微笑。当一个人以温情友善的心境和面容迎接世界时，客户或许就会因一个微笑回转身来，病患或许也会因为一份温暖得到抚慰，更快走出痛苦的阴霾。

近水楼台先得月，向阳花木早逢春。

【释义】

靠近水边的楼台，因为没有树木的遮挡，能先看到月亮的投影；而迎着阳光的花木，光照自然好得多，芽也发得早，最容易展现春日景象。

【小白新读】

范仲淹在朝廷和地方任职时，会经常观察手下，给朝廷举荐有才之人。当时有个叫苏麟的人，勤勤恳恳，一直担任地方巡检，迟迟得不到提拔。眼见周围的同僚，无论原先职位高低，都得到了提升，自己的仕途却毫无指望，他心里很是惆怅。

为了让范仲淹能够看到自己，他反复思考了许久。他知道，如果自己直接去找范仲淹，让他举荐自己，很难立刻得到信任，但如果憋着不说，自己又得不到重视。思来想去，他终于想到一个委婉的方法。在一个合适的日子，他拿出纸笺，写下了"近水楼台先得月，向阳花木易逢春"，把信件交给范仲淹。范仲淹也是聪明人，一读到诗就心领神会了。

古往今来，真正有智慧的人，会努力创造有利条件，让事情更为顺遂，而非只是闷着头默默做事。

富人思来年，穷人思眼前。

【释义】

家庭富足的人有长远的计划，但家庭贫困的人总是想着眼前的事。

【小白新读】

这里的富有和贫穷并非单纯指金钱上的多与少，更多的还是观念上的差异。富人有钱，衣食无忧，他们会将更多的精力和希望寄托于未来，更善于规划未来，未雨绸缪；而贫穷的人，眼前的生计都堪忧，就很难抽出精力来考虑未来和长远的事。

人生无常，什么事值得规划，什么事需要放下，需要智慧。真正的富人，是有知足心的人，他们少欲寡求，因心中的安乐，而感觉万物皆在怀里。所谓的贫者，其实也不会永远贫穷，常行布施，好好奋斗，改变命运也只是时间问题。

> 山高不算高，人心比天高。
>
> 白水变酒卖，还嫌猪无糟。

【出处】

清代褚人获编撰的《坚瓠集·二集》卷之四《猪无糟》："'天高不算高，人心第一高。井水做酒卖，还道猪无糟。'题讫而去。自是，井不复出酒矣。"

【释义】

自然界中，相较大地和湖海，高山算是很高了，但还是比不上天高，可一些人的心比天还高。这些人即使把白水当酒卖给别人，赚取了满满的利润，还不满足，甚至嫌自家养的猪没有酒糟。

【小白新读】

经营不能过于贪婪，也不能过于吝啬。为了利益，天天处心积虑算计，不仅耗尽时间精力，最终也会损人不利己。

人情送匹马，买卖不饶针！

【释义】

如果是做人情，送匹马也没有问题，但是做生意的话，一根针也要算清楚。

【小白新读】

交易和人情是两回事，不能混为一谈。交易的每一笔，无论价值大小，都需要算清楚；而在人情上，物的价值大小并不是最重要的，心意真诚、投其所好更为重要。

满载芝麻都漏了，还在水里捞油花！

【释义】

做事抓不住关键，丢了西瓜，捡了芝麻。

【小白新读】

过去有个非常富有的商人，借给一个人半角钱。一段时间后，欠债的人没有偿还，商人就上门去讨要。路上遇到一条大河，必须雇船摆渡才能过去。商人给船夫付了两角，让他把自己送到河对面去讨债。结果，债主不在家，他只好再花两角钱过河回家。为了要回半角钱，商人过河花了四角钱，加上旅途辛苦，劳神费力，损失的根本不仅是四角半钱。

合理可做，小利不争。想获得利益是常情，但不能做唯利是图的小人，否则很容易因小失大，失去可贵的朋友和资源，得不偿失。

久利之事莫为，众争之地莫往。

【释义】

会长久获利的事情不要做，众人都想争的位置不要去。

【小白新读】

这句话是曾国藩先生为后世留下的劝诫锦囊，他提醒我们，在面对诱惑时，要看透事物的表象，在心中多打几个问号，保持头脑的清醒与克制，用理性的态度和质疑的精神去思考。

另外，所有人都一窝蜂竞相追逐的事情，很可能埋伏着失意和失败的陷阱。战国时，韩国打不过秦国，为了把祸端转移，韩国把秦国准备攻占的上党地区送给了赵国。就在赵国喜滋滋地接受了这份大礼后，秦国主动发起"长平之战"，举十万大军入境，赵国经此一战一蹶不振，最终被灭。

洛克菲勒有句名言，众人恐惧时我贪婪，众人贪婪时我恐惧。这话跟东方古谚不谋而合。因此，无论何时都要审慎警惕，避免乐极生悲。

买货买得真，折本折得轻；不怕问到，只怕倒问。人强不如货强，价高不如口便。

【释义】

做买卖的货进得好，卖时就能卖出好价钱，就算打折出售，折扣少了别人也会买；不怕别人问问题，就怕别人得到答案后反过来找答案的漏洞。人的能力强，不如卖的东西好，商品也不是价格越贵越好，对买方而言，适合自己的才最好。

【小白新读】

经商做买卖，在于货真价实。弄虚作假，倘若买方要求赔偿，一定会折本，即便没有追索，也会损伤阴德。产品靠谱、服务到位，是卖方收回成本、获得利润的基础。

商业交易不必害怕买方询价，更无须担忧对方了解价格后问为什么卖这个价钱。要把重点放在商品品质和服务质量的提升上，而非着力于买卖水平。如果产品质量不好，即便说得天花乱坠，消费者最终也会发现货不对价，将之解读为坑蒙拐骗。

作为买方，不单以价格高低作为购买标准，也要根据实际需求选择不同层次的产品和服务。认清产品的真正价值，了解自己的真实需求，公平交易，实现真正的双赢。

> 长路人挑担，短路人赚钱。
> 宁卖现二，莫卖赊三。

【释义】

搞运输的人从很远的地方把货物运过来，但货物不是他自己的，而零售商把这些货物拉到店面后，却可以以很高的价格卖出去赚钱。卖家宁可以两倍的价格卖出货物收回现钱，却不愿以三倍的价格把货物赊给买家。

【小白新读】

一个完整的行业体系，往往包含生产原材料的、加工产品的、从事物流运输的，还有做产品销售的。过去帮别人挑担、赚辛苦钱的工作，如今被称为物流。其中相对轻松的是商品销售和零售，只要到批发市场把货买回来，坐等顾客上门，就可以轻松赚钱。

当然，无论什么行业，人们都希望能够尽快回笼资金。如果赊账，不仅资金不能及时回笼，还会有违约拖赖、压低利息，甚至收不回本金的风险。

须向根头寻活计，莫从体面下功夫！

【释义】

从挫折中总结经验，找出更多谋生方法，不要在装面子上耗费心智。

【小白新读】

一个孩子想要学会走路，那么一定要学会摔跤。因为经过摔跤的磨炼，才可能学会走路。生命中的挑战也是如此，要在错误、困境、失败中不断反思、总结经验，这样才能逐步走向成熟，不断进步。

当事者迷，旁观者清。

【出处】

《旧唐书》："当局称迷，傍观见审，累朝铨定，故是周详，何所为疑，不为申列？"

【释义】

当事人往往因为对利害得失考虑得太多，对全局的认识不够全面，不及旁观者看得清楚。

【小白新读】

很多时候，一个人身陷困局，往往是因为看问题的视角过于狭隘，情感涉入太深，或者心存私念，由此对局中的人、事、物，多了许多期待和寄望。想要破解这样的困境，要培养能够抽离自我、抽离事件本身的智慧，也就是超越自我为中心，把自己当作客体，学会站在他人的角度，理性看问题。

凡事要好，须问三老。

若争小可，便失大道。

【释义】

要想办好一件事，必须向德高望重的老人请教。在一些小事上斤斤计较，便会失去更重要的东西。

【小白新读】

战国时就设置了"三老"这样的乡官，选用50岁以上德高望重的长者担任，以此进行民风教化。

中华民族自古就有尊敬老人的传统。俗话说，不听老人言，吃亏在眼前。年长的人，走过的路、吃过的盐，都比年轻人多，相应地，人生阅历和经验也比年轻人多。这些长者的建议虽然未必百分百正确或适合，却能够给予年轻人更广阔的思路和见解，值得年轻后辈参考。

做人做事，除了集思广益，广闻多学，还需要有大局观，即要有不为了个人利益和短期微薄利益，而影响全局和长远的观念。

▍ 树挪死，人挪活。

【出处】

《济公全传》第二二六回："你我夫妻莫非待守坐毙不成？常言说得好：'人挪活，树挪死。'莫如你我投奔临安城。"

【释义】

树一挪动会有枯死的危险，人一挪动会有活得更好的可能。

【小白新读】

树因受到生存条件的限制，一旦移动恐怕难以存活，而人有适应环境变化、不断进取、自我改造的能力，改变会带来更多可能。穷则变，变则通，通则久。在遭遇瓶颈和困境时，要知道及时改变策略，尝试新方向。

人具有巨大的、潜在的适应和创新能力。身处困境，或当下的状态很难再有突破和发展时，改变一下思路，换个环境，或许会有新的起色，甚至死路也能变成活路。

修起庙来鬼都老，拾得秤来姜卖完。

【释义】

不紧不慢地把要供奉鬼神的庙宇修好了，但鬼神已经等得老了；慢条斯理地把卖姜的秤准备好了，但别人早把自己要买的姜从别处买完了。

【小白新读】

这个世界从来不缺有才华的人，一些人虽然在能力上出类拔萃，却因为做事犹豫不决而沦为平庸之辈。优柔寡断的人，往往不敢面对失败，无法把握机会，以至于在犹豫中失去了自己的优势。

要想具有遇事快速决断、精准切入的能力，需要对自身和外界有清晰的了解和定位。倘若总是自我怀疑，前怕狼后怕虎，即便有一点决心，也不容易成事儿。

商贾买卖如施舍，买卖公平如积德。

【释义】

商人之间的买卖就像布施，不要讨价还价，公平的交易就像行善做好事。

【小白新读】

布施行善、积德积福，并非等有了足够的财富才能去做的事，它可以落实在每一天的工作和生活中。企业员工认真完成工作，尽量给上下级同事提供方便，就是一种布施；企业管理者好好带领团队，让团队的伙伴成长，以更好的产品、服务回馈客户，就是一种积福。不要让布施与积德，成为古书中蒙尘的文字或空乏的口号，在心念、言语和行动中实践吧。

未雨绸缪

人无远虑，必有近忧。

【释义】

一个人如果没有长远的考虑，往往会有眼前需要解决的忧患。谋虑深远，思考成熟，就会办事周详，及时预防流弊，就能把忧患解决在萌芽阶段。

【小白新读】

《礼记·中庸》中也有提到，凡事豫则立，不豫则废。也就是说，办事无论大小，都需要有事先的谋算和规划。任何事，如果事先做好了周到的计划和安排，那么顺利实现的概率会更高；反之会降低效率，甚至可能偏离目标。

事业和生活都需要如此。有句俗语叫，吃不穷，穿不穷，打算不到一世穷。即便是过日子，也要立足当下，着眼长远，这样才可能过上幸福生活。生活中不乏原本生活富足有余，却因为大手大脚，只顾当下，而把日子过得捉襟见肘的人。所以，即使在生活用度方面，也要从长远考虑，这样才能有出有存，给意料之外的事留下更多余地。

▌ 人生不满百，常怀千岁忧。

【出处】

出自《汉乐府·西门行》："人生不满百，常怀千岁忧。昼短苦夜长，何不秉烛游。"

宋代陈普的《拟古八首》中亦有此句："人生不满百，常怀千岁忧。往事云雨散，积意如山丘。圣人已为土，土复成海流。曷为梦寐中，常见孔与周。"

【释义】

人生不满百岁，却常忧虑千年后的事。

【小白新读】

人活在世，不到一百年，何苦心里老是记挂着千万年后的忧愁呢？白昼很快就会过去，漫漫长夜又该如何度过？不如约三两好友，乘兴秉烛而游。世事纷杂，不必事事都往心里去，斤斤计较。学会清空，学会遗忘，充分感受当下的片刻安乐。

今朝有酒今朝醉，明日愁来明日忧。

【出处】

唐·罗隐绝句《自遣》："得即高歌失即休，多愁多恨亦悠悠。今朝有酒今朝醉，明日愁来明日愁。"

【释义】

今天有酒就痛快地畅饮，喝个酩酊大醉，明天的忧虑等明天再去烦恼。

【小白新读】

写这首诗的作者，仕途坎坷，十次考取进士都没有入第。他以诗抒怀，表达了自己仕途失意的颓丧。

一生中，每个人都会有心灰意冷的时光，这时候选择短暂逃离，让自己停下来缓一缓，不失为一个好办法。暂停固然可取，但也不能沉迷短暂逃离的舒适感，丢失勇敢拥抱现实的力量。

关于直面与逃避，米兰·昆德拉也有句名言——永远不要认为我们可以逃避，我们的每一步都决定着最后的结局。我们的脚，正在走向我们自己选定的终点。的确，每一个明天都是由今天的选择和行动决定，倘若一直逃避，那自己只能是输家，唯有面对才能更接近理想。

晴天不肯去，直待雨淋头。

【出处】

出自《喻世明言》："只见薛婆衣衫半湿，提个破伞进来，口儿道：晴干不肯走，直待雨淋头。"

【释义】

天气好的时候，不愿意出发，等待大雨倾盆时，才开始行动，就晚了。

【小白新读】

所谓机不可失，时不再来，做任何事都不要错过大好时机。一生中，我们会遇到许多机会，如果推诿懈怠，没有及时抓住、把握和运用，很容易错失。

闲时不烧香，急时抱佛脚。

【出处】

《水浒传》第一六回："何清笑道：'哥哥正是"急来抱佛脚，闲时不烧香"。'"

【释义】

平常无事的时侯不烧香敬佛，紧急关头却想起求佛祖保佑。也指平时没有准备，临时慌忙应对。

【小白新读】

世间事，成功者，多是少数。比如，养生说起来不难，却也要坚持，或早晚站桩，或日日跑步，在饮食上重视搭配，保证营养均衡。又比如，写作或下围棋等学习，也需要每天练习，不断操练记忆力、分析力、计算力、大局观等，长此以往，才可能获得写作或弈棋能力的提升。

平时不重视，却在年老时空想身体强健，着实无用。又或者，平时不练习，却在考试时指望天降灵感，也是痴人说梦。世间的奇迹，不是等来的，而是来源于日复一日的累积。

> 智者千虑，必有一失；
>
> 愚者千虑，必有一得。

【出处】

出自《晏子春秋》，晏子曰："婴闻之，圣人千虑，必有一失；愚人千虑，必有一得。意者管仲之失，而婴之得者耶！故再拜而不敢受命。"

【释义】

聪明的人在上千次考虑中，也会有一次失误；而愚蠢的人在上千次考虑中，总会有一次收获。

【小白新读】

事实上，聪明和愚笨、获得与失去只是一个个相对的概念，并不是绝对的。再聪明的人，也难免有失误的时候；再愚笨的人，许多思虑中总会有可取之处。面对任何人、任何事，都需要辩证的眼光。聪明的人，无须骄傲，因为山外有山，人外有人；愚笨的人，也无须气馁，通过各种途径学习思考，磨炼心智，锻炼全面思维的能力，也能越来越有智慧。

未晚先投宿，鸡鸣早看天。

【出处】

《西游记》第二十九回："遇晚先投宿，鸡鸣早看天。程程一程，长亭短亭，不觉的就走了二百九十九里。"

【释义】

出门在外，天没黑就应找旅店投宿，天明鸡叫了就要抓紧时间赶路。

【小白新读】

古代客栈多备瓷枕，上面往往烧有"众中少语，无事早归""过桥须下马，有路莫行船；未晚先投宿，鸡鸣早看天"等词句，以此提醒在外奔波的人，不要轻易透露太多个人隐私，出门办事要早点起床，办完了事可以早点回客栈。

很多人或许都遇到过出门急急忙忙，等关上门才发现忘东忘西的情况。遇事太着急，会很容易出差错，最后在解决各种衍生问题时，情绪崩溃。事实上，不仅是出门在外，做任何事都需要提前做准备，这样不仅能避免一些问题，还能为可能出现的意外预留足够的处理时间。

池塘积水须防旱，田地深耕足养家。

【出处】

宋·谢谔《劝农》："莫入州衙与县衙，劝君勤理旧生涯。池塘多放聊添税，田地深耕足养家。教子教孙须教义，栽桑栽柘胜栽花。闲非闲是都休管，渴饮清泉困饮茶。"

【释义】

池塘里多蓄一点水才能防旱，田地耕深一些才能多长粮食养家糊口。

【小白新读】

月有阴晴圆缺，人有旦夕祸福。具备忧患意识，凡事提前预防，才能更好地应对突如其来的变故。

过去祖辈的经验告诉我们，深耕才能多产粮，深挖才能多蓄水。有了储备和积累，即使遇到一时的困窘，也能坚持一下，挺一挺。倘若一直入不敷出，想积累也是天方夜谭。

工作中的"深"，意味着勤奋、专注、持久地钻研，是专业，甚至是创新。只有足够深入，才可能成就卓越。

百年成之不足，一旦败之有余。

【释义】

一件事，坚持了百年时间，也未必能成功；但要失败，一天时间都有余。

【小白新读】

一个人想学好，并非一朝一夕能实现，但想堕落，却非常容易；多年努力做一件事，不一定就能成功，但一个细节不留意，失败却轻而易举。做人做事需要坚持，良善的品格、伟大的事业不是一朝一夕就可以完成的，需要长期不懈努力。

得宠思辱，居安思危。

念念有如临敌日，心心常似过桥时。

【出处】

出自元代南戏《白兔记》第二十四回："古人有言：'得宠思辱，居安虑危。'刘智远自赘岳府……竟不知恩妻李三娘信息如何。"

【释义】

得到荣誉时，要考虑可能会遭受的耻辱；平安无事时，要想到可能发生的危险。观照心念，要像如临大敌一样时刻警惕，像过独木桥一样小心谨慎。

【小白新读】

无论春风得意还是沮丧失意，都要保持清醒的头脑。顺境时，不目中无人；逆境时，不丧失自信。小心翼翼、谦卑有礼，不轻易得罪人，不给自己树没必要的敌人。

日常生活里的觉照，需要刻意练习。比如，在工作时，给自己设一个"正念之铃"，在听到消息或电话的一刻，让自己专注于呼吸，静静地与自己待一会儿。当一个人有足够的觉照力时，就能发现心念如波涛般，有起有伏，甚至在心念与心念间，找到短暂平静的安乐。

常将有日思无日，莫把无时当有时。

【出处】

南宋后儒家学者编撰的《名贤集》中收录此句。

【释义】

在物资丰足的时候，要想到物资匮乏的日子，不要等到失去了才后悔。

【小白新读】

在过好日子的时候，要想到也会有变得贫穷凄惨的可能，不要等一无所有的时候，回想起以前的美好生活，才后悔不迭。生活中，很多人自己当了家，才体会到钱财的来之不易，学会节约珍惜，就像很多人在自己当了父母后，才理解了父母的爱子之心，开始感念父母的养育之恩。

西方的经济思想，鼓吹人们提前消费。越来越多金融产品的出现，也为很多年轻人过度消费提供了成熟的土壤，这与东方传统的勤俭节约观念背道而驰。有的人生来就带金汤匙，但如果不知珍惜，不懂得提前培养更多的福报，很快原本的福报也会消耗殆尽。

礼义君子

人将礼义为先，树将花果为园。

【释义】

作为人，应该把礼义方面的修养放在最先，这样才能长大成人，这就好像树林只有开花结果，才能成为果园。

【小白新读】

说到礼义，我们自然会想到关公，他是礼义文化的代表和典范。建安五年，曹操东征的时候抓住了刘备的两位夫人。关公为了保护她们，亲自随行护送，一起进了曹营。他们三人在馆驿安歇时，曹操故意只安排了一间房。面对这种情况，关公并没有生气，而是整晚站在房外，捧着一本《春秋》读。见此，曹操对关公的佩服更是深了一层。

礼义精神，不仅是一种传统价值观念，一种道德规范和行为准则，更是一种自觉自律、慎独修身的处世方法，值得华夏儿女身体力行。

君子怀刑，小人怀惠。

【出处】

出自《论语·里仁》："君子怀德，小人怀土；君子怀刑，小人怀惠。"

【释义】

君子思考的是法制和规则，小人考虑的是恩惠和利益。

【小白新读】

关于君子与小人的区别，孔子从他们各自关注什么的角度做出了判断。

比如，君子有"怀德""怀刑"之心，时常记挂道德礼仪，心中想的是仁德和善良，行事考虑也比较周到，他们谨言慎行，会担心自己的行为是否违反了国家法律和社会规范。

而小人有"怀土""怀惠"之心，对小恩小惠和个人利益十分在意，很少去关心道德修养、事情的后果及他人的感受。为了获得毫末利益，即使作奸犯科，也在所不惜。

君子千钱不计较，小人一钱恼人心。

【释义】

正人君子并不计较到底要花多少钱，合情合理就行；而小人能省一点是一点，能多拿一点就多拿一点，把人搞得心烦意乱，也要从中获取利益。

【小白新读】

所谓正人君子，是懂得道义并且在为人处世中坚持道义的人。钱财乃身外之物，行动和努力符合道义才会带来正当的财富、和睦的关系及健康的身心。

小人往往不讲道义，不知道普遍意义上的是非对错。万事只从自己的感官和欲求出发，只知道多抓取一点，并不太多考虑这点钱是否来源正当、是不是自己该得的等问题，他们在微小利益上纠结难受，烦恼不堪。

君子千里同舟，小人隔墙易宿。

【释义】

如果是君子般旳朋友，纵然相隔千里，也仿佛是坐在同一条船上；如果是损友或小人，纵然隔墙为邻，也像住在不同的地方。

【小白新读】

与君子同船，无须防备，遇到危险，也能同舟共济；而跟小人相处，即使隔着一道墙，也无法坦诚相待，得隔着一道墙，才能安然睡着。

千里送鹅毛，礼轻情义重。

【出处】

唐·缅伯高的诗："天鹅贡唐朝，山重路更遥。沔阳河失宝，回纥情难抛。上奉唐天子，请罪缅伯高，礼轻情意重，千里送鹅毛！"

【释义】

虽然送的礼物不贵重，但情意却很深厚。

【小白新读】

送礼物，并不在于送得多贵重、多殷勤，而重在是否真心实意，是否恰到好处。

自他圆融

> 舌咬只为揉，齿落皆因眶。
> 硬弩弦先断，钢刀刃自伤。

【释义】

舌头被牙齿咬到，是因为舌头是在嘴巴里搅拌食物的；牙齿掉落，是因为人在矫正牙齿的时候，硬掰结果掰断了。劲儿很大的强弩，最先崩断的是弩弦；钢刀的刃，大多是因为在切削的时候弄破损了。

【小白新读】

做人不能锋芒太过，要学会收敛。枪打出头鸟，生活中招摇的人，总会率先被打上。

《红楼梦》口宝玉的丫鬟里有个叫晴雯的姑娘，相貌好，打扮也高调，性格还特别傲，看到不顺眼的事就跳出来骂。结果在贾府走向落寞，王夫人想借绣春囊事件削减人手的时候，晴雯就被之前得罪过的人上报，率先拎出来处理了。

无论何时何地，做人要低调，严于律己、宽以待人，这样才能更好地与人相处。

他马莫骑，他弓莫挽。

【出处】

宋·释慧开的《颂古四十八首》（其四十五）："他弓莫挽，他马莫骑。他非莫辨，他事莫知。"

【释义】

不要总惦记着骑别人的马，用别人的弓箭。人要守本分，不是自己所有的，不可贪爱贪占。

【小白新读】

名花有主的人，不要轻易觊觎；对错是非，不要轻易闲谈。看到他人的过错并没什么了不起，真正的了不起是看清自己的过错，并努力改正。清楚地认识自己，凭能力做事，做好本分，在此基础之上，再考虑是否有力可借最好。别人的屋檐再大，自己手里没伞可不行。

> **力微休负重，言轻莫劝人。**
>
> **无钱休入众，遭难莫寻亲。**

【释义】

能力不够时，不要背负太重的担子，说话没分量，又不能切中要害，就不要劝说别人。不是那么富有，就不要学别人一样奢侈，遭受灾难了，不要轻易寻求亲友的帮助。

【小白新读】

力不能及，就不要逞强。三国里的马谡，就是因为没有看清自己的实力，非要守在战略要地街亭不可，结果没守住，街亭失守，蜀汉失去这个军事要塞后，开始走向了下坡。

社会上，有钱的、会社交的，很容易有人上前巴结、讨好；反之庸庸碌碌，没有利用价值，就容易被人瞧不起，甚至遭受讥笑和挖苦。凉薄人性在现实中固然存在，但人与人交往，仍然需要简单和真诚。世界黑暗，自己可以做一盏明灯。

平常小事找亲友帮忙，也是一种礼尚往来，能增进了解和情谊。可遭逢大难，就不要到处求人了，这时候的交往容易变成他人的烦累。世间少有无缘无故的好，放平心态，随顺因缘，不随意把期望和要求附加在他人身上，对自他都好。

既知莫望，不知莫向。

【释义】

事情已经有了结果，就不要再埋怨别人；如果对事情不了解，就不要对别人横加干预。

【小白新读】

已然发生的事，无论内心产生了多大痛苦，又或者外在带来了多大损失，事后可做的事，无非尽可能消除过去事件对当下带来的负面影响，好好反思，总结经验，避免同样的问题再发生。

工作、生活中与人交往，尤其当涉及的对象比较多，信息传达不够及时、全面时，很容易产生误解。这时候，如果对其中的人、事下判断，很容易以偏概全，倘若以此进行下一步的决策、执行，会产生很多问题。不要碰到什么事，都插嘴或干预，这样不仅无法解决问题，还可能让事情变得更复杂。

既坠釜甑，反顾何益。

已覆之水，收之实难。

【释义】

瓦罐已经掉在地上打碎了，再回头看还有什么意义。已经泼在地上的水，再收起来实在太难。

【小白新读】

命运有时就喜欢跟人开玩笑。有人正春风得意，却突然遇到泼冷水的；有人孤独无助，却碰上了温暖的火苗；有人胜利在望，却一着不慎输得一无所有。

这样的反转并非对生命无益。倘若屈原没有被放逐，或许就写不出《离骚》；倘若左丘明没有失明，或许就没有《国语》；倘若孙膑没有被膑脚，就不会取得桂陵、马陵之战的胜利；倘若吕不韦没有迁到蜀地，就不会有流传千古的《吕览》。

生命中必然有失意。面对失意，有人借酒消愁，心灰意冷，也有人迎面以对，冲出重围。不妨接受和直面遇见的问题，挖掘出问题背后隐藏的宝藏。

瓜熟蒂落，水到渠成。

【出处】

宋·张君房《云笈七签》卷五十六："体地法天，负阴抱阳，喻瓜熟蒂落，啐啄同时。"

宋·释道原《景德传灯录》中亦有提及："问：如何是妙用一句？师曰：水到渠成。"

【释义】

人或事物发展到一定程度，自然会有质的变化。顺其自然，一切条件、因素具足了，人、事自然会各归其位，各有其成。

【小白新读】

当成功的因缘汇聚到一起后，事情自然可以成就。人与人之间的关系也是如此，从初期的互不了解，到中期的日渐熟悉，到最后的心照不宣，时间慢慢拉近或拉远的是距离。初见时，不必急于攀缘；中期，亦要保持耐心；最后，无须过于执着。红尘里，新友故交，人来人往，做时间的朋友，才能留住最真心的人。

一人不得二人计，宋江难结万人缘。

【释义】

一个人很难跟两个或两个以上的人商讨决定计划，即便是宋江，也很难结交上万个朋友。

【小白新读】

任何事都要慎始，如果自己心中没数，可以多听听他人的意见和建议，有所把握和启发后再做判断和决定。当然，顾问的人数不宜过多，人一多，意见混杂，也容易犯难。

生命中，过客是多数，知心人不过二三。不必强求所有人都认同、肯定自己，能放下一些对认可、陪伴的渴求，就少一些挂碍，内心就能更轻盈、更自由。

知我者谓我心忧，

不知我者谓我何求。

【出处】

出自先秦《诗经·王风·黍离》："彼黍离离，彼稷之苗。行迈靡靡，中心摇摇。知我者，谓我心忧；不知我者，谓我何求……"

【释义】

能够理解我的人，说我是心中忧愁。不能理解我的人，问我把什么寻求。

【小白新读】

知己难得，互相懂得的人自然会彼此惺惺相惜；不懂的人，即便说尽千言万语，依然是对牛弹琴。人生而孤独，知音难觅，求他不如知己，你若盛开，清风自来。

无为无求

> 闹里挣钱，静处安身。
> 来如风雨，去似微尘。

【释义】

喧闹繁华的地方有钱可赚，偏僻幽静的地方最宜安身。来势如狂风暴雨，退去如微尘飘落。

【小白新读】

《红楼梦》中的《好了歌》唱道："世人皆道神仙好，惟有权贵忘不了！古时将相在何方，荒冢一堆草没了。"历史是个大舞台，你方唱罢我登场，再了不起的英雄，也不过各领风骚几十年，再风光无限，也不过几十年光景。虚名浮利转头空，时间究竟该付之于何，面对短暂的生命和苍茫的历史，真该花一点时间，好好思索此生的意义。

无求到处人情好，不饮任他酒价高。

知事少时烦恼少，识人多处是非多。

【释义】

心无所求的人，走到哪里别人都不会心怀防备；不饮酒的人，又哪里需要烦恼酒钱涨了多少呢？知道的事情少了，烦恼自然就少了；认识的人多了，是是非非也跟着多了。

【小白新读】

无欲则刚，当一个人有求于外的时候，就会把期望、要求投射在外，如果能把向外的目光和能量收摄回来，稳固自心，能量也能逐步提升，这时与外界的连接也会更加顺畅。

事情知道得越来越多，接触的人越来越多，如果一不小心把自己带入，很容易卷进各种利益、是非之争中。在人多、事杂的环境里，越要谨慎，宁可慢一些，多思量一些，也不要冲动说话、做事。与己无关的人或事，即便听别人提到了，如无必要，不宜多嘴或插手。

厌静还思喧，嫌喧又忆山。自从心定后，无处不安然。

【释义】

身在寂静山林，感到厌倦，思念闹市的繁华；回到闹市，又觉得太喧闹，想回到深山。把心真正安定下来后，才发现在哪里都能待得住。

【小白新读】

心若不定，那怕身在桃源，依然无法感受桃源的乐趣。所谓宁静，并非必须远赴深山，避开尘俗的车马喧嚣，而是身处闹市，依然能在心中修篱种菊。

曾国藩在《养身要言》里提到，心欲其定，神欲其定，体欲其定。意思是，人只有内心安定了，精神才能安定，精神安定了，身体也才可以安定。

心、神、体三者相互影响。要想心定，首先要调整欲念纷飞、心绪散乱的状况；其次要调整精神涣散的问题，倘若一个人整天混混沌沌，说话做事都错误连连，这无益于与外界的行事交往；最后要重视身体的安养，既要通过静养安心定神，也要通过动养活跃经络。唯有如此，不管在乡野还是闹市，才能进退得宜。

「待人接物」

肆

识人之法

人言未必犹尽，听话只听三分。

【释义】

别人说的话不一定都是正确的，要懂得分辨，不能全然听信。

【小白新读】

要懂得分辨别人所说的话，到底真假有几分，是善意还是恶意。很多时候，我们无法了解对方和事情的背景，因此也无法彻底了解真假、善恶。这时候，如果轻信一个人，很有可能做出错误的判断。

人心复杂，背后有种种不为人知的秘密，为了达到内外的某些需求和目的，很可能会用谎言等迷惑别人。听话只听三分，不仅是一种对自己的保护，对自己负责，也是对他人的宽容和忍耐。

要知心腹事，但听口中言。

【出处】

《醒世恒言》第十三卷："要知心腹事，但听口中言。却说韩夫人……对天祷告：'若是氏儿前程远大，将来嫁得一个丈夫，好像二郎尊神模样，煞强似入宫之时，受千般凄苦，万种愁思。'"

【释义】

想知道别人心里在想什么，可以从他说的话里揣摩出来。

【小白新读】

老话说，说话听声，锣鼓听音。要善于听言外之意，这样才能精准把握对方的意思，更顺畅地与人交流。

平时在交流中，可以仔细观察自己和对方的言语，根据双方谈话的方式、内容乃至动作，来直接或间接地体会他内心的真实想法。

> 人各有心，心各有见。
>
> 口说不如身逢，耳闻不如目见。

【释义】

每个人都有自己的心，每颗心里都有各自的想法和见解。口头说的，不如亲身检验、实践的有效；耳朵听的，不如亲眼看见的真实。

【小白新读】

人为何心思不同，做法不同？因为其中会涉及各自的位置、立场等各种因素。公事上，甲乙双方会为了各自的利益，不断谈判、磨合；生活中，夫妻、亲子之间，也会因为各自生活习惯、见解认知的不同，而产生摩擦或争执。所以，试图让他人与自己期望一致，往往会落空。

耳听为虚，眼见为实。事实上，生活或工作中，耳朵听到的、眼睛看到的都不一定是真的。想了解真相，还是得结合一个人的心性心念、做事方法、说话方式等，做一个长期的观察。

> 始吾于人也，听其言而信其行。
>
> 今吾于人也，听其言而观其行。

【出处】

出自《论语·公冶长》："宰予昼寝，子曰：'朽木不可雕也，粪土之墙不可圬也！于予与何诛？'子曰：'始吾于人也，听其言而信其行；今吾于人也，听其言而观其行。于予与改是。'"

【释义】

以前对待别人，听了他的话便相信他的行为；现在对待别人，听了他的话还要观察他的行为。

【小白新读】

想了解一个人，除了听这个人怎么说话以外，也要看这个人是如何行动如何做事的。两者结合起来，才能判断这个人是不是心口合一、言行一致。

‖ 人而无信，不知其可也。

【出处】

出自《论语·为政》："子曰：'人而无信，不知其可也。大车无輗，小车无軏，其何以行之哉？'"

【释义】

一个人如果不讲信用，真不知道他是否可以成事。人不讲信用是不行的。

【小白新读】

人们常用"一诺千金"来强调诚信的重要性。实际上，诚信的价值又何止千金呢？国民品牌"老干妈"的董事长陶碧华，是一个低调而有诚信的人。她十分关注食品安全，为了保证市场上流通的产品质量，陶董事长不仅对生产原料、生产线有严格的要求，而且对市场上但凡带有"干"字的产品都打假。

任何对自己有要求的人，都可以将"诚信"作为一辈子靠近和坚守的道德准则。我们可以选择不做那个欺骗大人"狼来了"，而失去他人信任与帮助的可怜孩子，可以决心成为那个货真价实，做生意童叟无欺的卖货郎季布。多做、少说，多合作、少拆台，多帮助人、少背后捅刀子。信，靠践行而实现。

虎身犹可近，人毒不堪亲。

【释义】

老虎虽然可怕，但如果接近了，也不一定会招来杀身之祸；而人心狠毒起来，那可是真的不能靠近，不知道什么时候会被出卖或伤害。

【小白新读】

老虎吃人是因为肚子饿了，有捕捉猎物的需求，并不是故意要害人。人伤人，甚至害人，有的是无心之失，但也有因为私欲而刻意为之的可能。言语、行动的表现，有时候不一定代表一个人真正的想法。不要因表象稀里糊涂相信一个人，因为防人之心不可无；也不要因为一点小事，就直接判定一个人的好坏，因为人都有从善向善的可能。

有钱道真语，无钱语不真。

不信但看筵中酒，杯杯先敬有钱人。

【释义】

有钱人说话有人相信，贫穷人说话别人都不相信。不信你到筵席上看看，谁不是向有钱、有身份的人敬酒呢？

【小白新读】

这四句是古人看透人心、看清世态炎凉后的总结。无论古今，财富始终是衡量一个人身份的参考，但把财富作为衡量一个人的唯一标准实在过于狭隘，也太过凉薄。

实际上，财富也并非一个固定值，昨日一贫如洗的乞丐，有可能一夜暴富；今日位高权重的财阀，也有可能跌落尘埃。与其在不定的财富上多做计较，不如把关注点放在日日的精勤努力中。

有酒有肉多兄弟，急难何曾见一人？

【出处】

明·郑之珍《目连救母·刘氏开荤》："朋友亲来也不是亲，说起朋友，没了恩情：'有钱有酒多兄弟，急难何曾见一人？'"

【释义】

风光的时候，身边会有很多人聚集，有酒喝酒，有肉吃肉，称兄道弟；可面临危难困境时，这些平时称兄道弟的人，却一个都看不见了。

【小白新读】

有人认为情谊无价，有人认为情谊虽然重要，但无法相互提供价值也很无月，也有人认为感情就别提了，只谈真金白银就好。世界很大，价值标准也千差万别。在无法要求他人的时候，我们能做的是好好坚守自己的标准，不把自己的标准扣在他人头上，在不涉及原则时，尽可能为他人让步。

结交须胜己，似我不如无。

【出处】

明·徐畔《杀狗记》四："迎春，结交须胜己，似我不如无。……近日儿夫心改变，作事太猖狂，每日与柳龙卿胡子传打伴，朝欢暮乐，醉酒狂歌……"

【释义】

交朋友须找在学识、本领或其他方面胜过自己的人，跟自己水平差不多的人不如不交往。

【小白新读】

关于应该和什么样的人相处，以及和什么样的人保持距离，孔子曾有过精辟的总结，"益者三友，损者三友。友直，友谅，友多闻，益矣。友便辟，友善柔，友便佞，损矣"。意思是说，正直爽快、诚信宽厚、知识广博的人，是适合做朋友的；谄媚逢迎的人、爱诽谤的人、花言巧语的人，要尽量远离。生活中，可以以此为参考，仔细观察身边的人，谨慎选择朋友。

道吾好者是吾贼，道吾恶者是吾师。

【释义】

总是指出我的优点、长处的，是我的敌人；能够直接说出我的缺点的，才是我的老师。

【小白新读】

赞叹可以，吹捧不宜；纠错可以，挑刺不宜。人生难得是坦诚，除了父母、师长，能够时常指出自身缺点和不足的人，就是值得珍惜的朋友。

人都爱听好话，但如果是名不副实的赞扬，对自己其实没有太大意义；面对他人善意真诚的批评，我们应该虚心接受，及时调整改进。

人怕三见面，树怕一墨线。

【释义】

人最怕的就是见的次数多，见的次数多了，不管多能伪装，也会原形毕露；要判断树长得是否端正，最好的方法就是用墨线去衡量。

【小白新读】

某种程度上，时间是检验一个人的重要标尺。从多次交往中，能判断一个人以后能否深入接触，能否与其达成长期的合作关系，能否成为朋友。依靠利益而结交的关系，相对疏淡，而且会因利尽而离散；依靠人品和感情结交的朋友，即便没有共同利益的羁绊，也会更深入、更长远。

流言是非

谁人背后无人说，哪个人前不说人？

【释义】

谁的背后都会有人议论，谁都会在背后议论他人。

【小白新读】

人前人后，讨论事情，是世间常态，但这样的议论，也有好有坏。别人说得对的，要好好接纳、反思、改正。没有一点道理的，就当是一阵风，无须挂怀。重要的是，非必要情况下，不主动说别人的过失，如果非要拿出来讨论，也要尽可能就事论事，客观探讨。

另外，面对他人的嘲讽、责难，乃至诽谤，也不能自伤、自苦。既然言语所说的事，与自身不符，那它就无法成为刀剑割伤自己。能够伤害自己的，是那些被自己当成是刀剑的言行。

贼名难受，龟名难当。

好事他人未见讲，错处他偏说得长。

【释义】

一个人被人叫作盗贼，心里是很难受的，被人叫作乌龟更是不愿意。做了好事别人不一定赞美你；但你做错了，别人却会说长道短。

【小白新读】

好事不出门，恶事传千里。现今社会，仍然有一些人存在"幸灾乐祸"的奇怪心理。人家做了好事，成功了，不仅不高兴，反而心生嫉妒；别人出了什么事，或者遭遇了一时的困难，不仅不心生悲悯，反而开心得跳脚。

相比看到他人的优点和长处，以及自己的缺点和过失，更多人总是先看对方的短板和过错。事实是，哪有那么多完美的人呢？任何从对方身上看到的优点和长处，也是自己具备或能够提升的；任何从他人身上看到的缺点和过错，也都是自己存在或需要改正的。他人究竟如何，于自身的成长而言，并不重要，重要的是对自己的观察、了解和觉照。

燕子不进愁门，耗子不钻空仓。
苍蝇不叮无缝蛋，谣言不找谨慎人。

【释义】

燕子不在没有人住的屋檐下筑巢，耗子不钻没有粮食的空仓。鸡蛋自己破了，苍蝇才能叮到；一个人为人谨慎，谣言不会从他那里传出来。

【小白新读】

以前，大部分人家里的房子都会有屋檐，屋檐是燕子筑窝的好地方。当燕子衔来春泥，在房檐筑窝的时候，通常表示这户人家家庭兴旺，好运连连。老鼠呢，钻粮仓是为了偷粮食吃，没有食物的仓库，老鼠去了干吗？

同理，做错了事，别人才能找机会说，如果没有做错，别人就算鸡蛋里挑骨头，也说不出什么，即便说了，也无须放在心里。人际交往、沟通中的很多事，不能光从表象、口述中分析问题，每个人都有不同的身份、立场和一定的私心，要仔细观察，根据事实，具体问题具体分析。

杀人一万，自损三千。

伤人一语，利如刀割。

【释义】

打仗时，刀剑无眼，即使杀了对方很多人，自己也难免被误伤。说一句伤害别人的话，就像用刀剑割伤了别人的心一样。

【小白新读】

损人，长久来看，一定无法利己。自己输了三千，对方输了一万的事，表面看起来，是自己输得少，可实际上，双方都没有胜利。

把别人的短处或缺点当众说出来，就是不给自己留退路。人无完人，谁又敢保证自己毫无过失，丝毫没有缺点呢？一味地讲究是非、对错，本就是执着，再将这种执着附加在他人身上，自己和他人都不会舒服。

一人道虚，千人传实。

【释义】

一个人说的虚假的东西，被很多人传播，也变成像真的一样了。

【小白新读】

如今，随着网络社交媒体的日益发达，很多消息一旦爆出，很可能引起成千上百万的评论、传播和转发。消息属实，倒也无可厚非，但如果是虚假内容，很容易让相关人备受困扰。

严格来说，任何与己无关、与公共利益无关的事，都不该多嘴。因为说得多了，是非就多了，事实就容易被扭曲。谣言止于智者，防心守口，是一生的功课。

甘草味甜人可食，巧言妄语不可听。

【释义】

甘草虽不好看，但味道甜美，人人都喜欢吃；表面好听而实际虚假、虚伪的话，完全没必要听信。

【小白新读】

言语的力量不可小觑。良言一句三冬暖，恶语伤人六月寒。温暖柔和的话语，就像冬日的暖炉、夏日的凉风，能带给人温暖、清凉；而粗鲁、恶意的话语，像致命的刀子，刀刀都能剐人心。日常生活中，要多说柔语、爱语，不费任何金钱，却能广结善缘。

此外，平时说话，应该中肯、中听。什么是中肯呢？就是要说真实的话、实在的话。不要有太多顾虑，心里想什么就直说。经常说妄语、表里不一的人，容易被认为是虚伪、狡诈之徒。而说真实话的人，往往能赢得靠谱的赞誉。

是非终日有，不听自然无。

【释义】

议论是非的话时常会有，不去听自然也就消失了。

【小白新读】

在这个世界上，只要有人存在，就离不开是是非非。尤其爱八卦的人，更容易把一句转成三句，说到最后已经不知离真相多远了。为了减少口舌之争，避免浪费时间，生活中的闲谈和八卦，能少则少。

不仅言语容易惹出纷争，有些事即便亲眼所见，也容易判断失误。以前，有对爷孙去赶集，买了一头驴回家。回去的路上，爷爷体贴孙子，便让孙子骑着驴，自己步行，看到的人议论说，孙子不尊敬老人。走了一段，孙子下来，又让爷爷骑着驴，这时又有人开始指责爷爷不疼孙子。最后，爷孙俩干脆牵着驴一起走路了，这时又有人笑话他俩放着驴不骑，是傻瓜。

从这个故事可以看出，是非总会有，要想耳根清净、心情舒畅，不说是非、不听是非、不入是非最好了。

言语得法

平生只会说人短，何不回头把己量？

【释义】

只会议论别人的缺点，为什么不回头看看自己的毛病呢？

【小白新读】

每个人都有自己的意志和看法，即便是面对相同的事情，不同的人也会有不同的观点和态度。认清这样的事实后要知道，心中的尺度要先用来衡量自己，不能光看别人的问题。每当内心开始对他人产生批判时，要记得问问自己，检查自身，是否也存在同样的毛病。

宁可荤口念佛，不可素口骂人。

【出处】

明·袁于令《西楼记》第三十一出："（众）师父，后园瓮内的狗肉，烧得糜烂在那里，拈香的又在后堂，我们偷工夫去吃了就来。（师）有理有理，正是：宁可荤口念佛，不可素口骂人。"

【释义】

即使嘴里吃荤，但心中向善，不对别人说刻薄话，也是好的。切忌嘴里吃着素，表面向着佛，但对别人却是满口的苛责，如此即便吃素，又有什么了不起的。

【小白新读】

为人、待人要善良宽和，不要一边满口的慈悲为怀，一边却嘴上不饶人，这是伪善。人无完人，即便是了不起的圣者，也依然被人吹毛求疵。因此，对于同一个人，即便心中有批判，也要尽可能保持一致的说辞，不要当面赞叹甚至奉承，背后却各种挖苦、挑毛病。说话做事，贵在以诚待人。话说得不够圆融，可以慢慢学习，满口胡言，夸大其词，实在没有必要。

口开神气散，舌出是非生！

【出处】

出自《西游记》："你等大呼小叫，全不像个修行的体段！修行的人，口开神气散，舌动是非生。如何在此嚷笑？"

【释义】

只要开口说话，就难免招惹是非。

【小白新读】

过于执着自己观点，在交流中会不经意暴露一些毛病。比如，只见过江河的人，会认为水就是在江河中，乃至分享的时候一直夸夸其谈，而一旦别人提到水也存在于溪流或大海，当事人不仅不愿意接受，甚至会感觉受到冒犯。

嘴巴上造成的问题，归根结底，核心还是在内心。嘴巴是心的门户，先是心发出正面或负面的念头，然后再借由嘴巴表达出来。如果发出的是善念善语，那么之后能感应到的也会是正能量，是好运的缘起；如果表达的是恶念抱怨，那么回到自身的就是负能量，是衰运的缘起。

一个人的运气绝非全然是上天的安排，德行好、修养好的人，好运常伴。

贵人语少，贫子话多。

【释义】

真正的富贵之人，说话往往言之有物，不会说太多废话，而穷困潦倒的人，往往废话很多。

【小白新读】

纵观古今有所成就的人，无一不是秉持着寡言少语、恭默守静的特质。

西南联大的掌舵人梅贻琦被称为"寡言君子"，他也是清华大学历史上任期最长的校长。这个一生清华、一世清白的人，不仅平时沉默寡言，开会时整个人也是如空气般的存在。有人询问他意见，他总说"吾从众"。他并非没有主见，而是充分尊重教授们的意见。那些由他做出决定的事宜，往往立刻就会去执行。

命理学中也提到，人的富贵运受言行的影响。日常生活中，一些不经意间、不恰当的言行，会导致福德的流失。

说长说短，宁说人长莫说短。

【释义】

宁可在背后说别人的长处，也不要在背后说别人的不好。

【小白新读】

古代有个京官去外地任职，临走前跟老师告别。老师特意告诫，外地做官不容易，一定要谨言慎行。官吏说："没事，现在的人都喜欢听好话，我已经准备了一百顶高帽，每见一个人就准备送一顶。"老师一听，生气地说："我不是反复告诉过你，为人要正直吗？"官吏安慰老师说："恩师息怒，我这也是没办法，天底下像您这样不爱戴高帽的有几个呢？"老师点了点头，露出了笑容。官吏从老师家出来后，告诉朋友们，他准备的一百顶高帽，现在只剩九十九顶了。

谁都喜欢听好听的话、赞美的话，讨厌被肯定、被赞赏的人少之又少。多肯定他人的优点和长处，可以激励对方成为更好的人，而面对他人的缺点和短处，也要根据对方的接受度、时机和场合，选择说或者不说。与己无关的事，看破不说破，保护别人的隐私，体谅他人的难言之隐，也是一种尊重。多给别人留体面，就是多给自己留天地。

要知江湖深，一个不作声。

【释义】

要想知道江湖的深浅、人心的善恶，就要学会少说多听，少插嘴，多观察，多思考。

【小白新读】

安静寡言，胜过喧哗聒噪。真正厉害的人，从来不显山露水。

一个沉默的人，不仅更能静下心来，好好看清自己，更能通过聆听他人的言谈，学会察言观色，领会他人的言下之意。

体验过人情冷暖，知道江湖的水有多深的人，往往会在言行上更有分寸。

事非亲见，切莫乱谈。

【释义】

不是自己亲眼看到的事情，切记不要随便乱讲。

【小白新读】

事情不是自己亲眼所见，没有经过调查研究，就不要随意谈论评价。不是自己亲眼所见的，难免存在主观臆测，即便是亲眼所见，也容易受主观意识影响，这样表达出来的内容不可避免地会有偏差。基于非事实的谈论，以讹传讹，根本没有意义，还会成为谣言的帮凶。

过头饭好吃，过头话难听！

【出处】

明·顾起元的《客座赘语》："南都间巷中常谚，往往有粗俚而可味者……曰：'锅头饭好吃，过头话难说。'"

【释义】

烧过头的饭还可以吃，但是话不能讲过头。

【小白新读】

什么是过头话呢？比如，大话、难听的话、不尊重人的话，乃至不合时宜的舌等都属于这个范畴。要说真实的话、柔软的话、表里如一和前后一致的话，尽量不说没意义的八卦、粗暴的话、虚伪的话。

天子至尊不过于理，在理良心天下通行。

好话不在多说，有理不在高声！

【释义】

纵然是身居高位的人，也要按照正理来处理事情，如果处处以理处事，那么就会成为民心所向，很多事都能进行得相对顺利。好听的话，不在于说得多少；有道理的语言，不在于声音的高低。

【小白新读】

说话要言之有物，不需要过多的客套和修饰。懂得的人，三言两句就能精准传达；不懂的人，说再多也是浪费时间。

一言而让他人之祸，一念而折平生之福。

【释义】

一句不当的话会使人走向灾祸的境地，一念之差会让自己的福分大打折扣。

【小白新读】

三两黄铜四两福。生活中，如果在路上捡到了钱，能够主动寻找失主，在钱财上，自己并没有任何损失，却能以此累积福德。

过去，秦桧就是以莫须有的罪名，把岳飞送上了断头台。近千年过去了，至今仍有不少人对着秦桧的雕像扔石头。一念之差，不仅在当时伤害了忠臣、将领，损害了家国利益，更是在千百年后为人所唾弃。

一念心、一句话、一个举动的力量不可小觑，就像南美洲的蝴蝶轻轻振动一下翅膀，足以在另一个国家引起一场龙卷风。因此，日常生活中，护心护念、守口慎言极为重要。

许人一物，千金不移。

【释义】

做事要言而有信，答应给人家的东西，哪怕值再多钱也不能违背诺言。

【小白新读】

允诺别人的物品、答应别人的事情，即便遇到诱惑或阻碍，也不能动摇。与人交往，要讲信誉、重诺言，事情如果做不到，不如不说。尤其跟人约定见面，更加要重视时间观念，宁可提前也不要晚到，实在有事要推迟，也要及时告知，以免让对方等候太久。

一言不中，千言不用。

【释义】

说话说不出重点，不如不说。核心说不中，其他的说了也是白说。

【小白新读】

说话做事要把握核心，千万不要把注意力只放在细枝末节和表面现象上，分析事件、规劝他人也是如此。劝人要劝到点子上，倘若无法根据对方的心理状况、性格特点等，斟酌好词句，切中要害，一语中的，那么不如不说。

隔壁岂无耳，窗外岂无人？

【出处】

元杂剧《孟德耀举案齐眉》第二折："隔墙须有耳，窗外岂无人。这小贱人无礼，瞒着老夫，引着梅香去书房中看梁鸿去了。"

清·石玉昆《三侠五义》第一〇二回："再者还有一说，隔墙须有耳，窗外岂无人，焉知此时奸王那里不有人来窥探。"

【释义】

隐秘的谈话，也可能会泄露。

【小白新读】

不要认为私下的言谈，不会被其他人知晓。哪怕是私密空间里的谈话，一旦被无意间听到只言片语，传扬出去，也容易引人误解。更何况被说话者、听者故意往外泄露了。

为了避免麻烦，古人开的药方是，话说多，不如少，惟其是，勿佞巧。也就是与其多说，不说少说、不说，说也只说实实在在的话，而不是虚妄谄媚的话。

知音说与知音听，不是知音莫与弹。

【出处】

明·罗懋登《西洋记》五七："知音说与知音听，不是知音不与弹。我正是为着这些，才相烦大仙到此。"

【释义】

知心话要说给知心的人听，不是知心人，不要交心。

【小白新读】

交浅不言深。与人相处，要衡量好和对方之间的距离，关系疏淡的，无须把重要的秘密和他人倾诉，因为对方很容易把秘密泄露出去。不同频的，不要过多输出个人观点，甚至强求他人接纳。重点是守持好自己的原则，同时也尊重他人的习惯和底线。

能言不是真君子，善处方为大丈夫！

【释义】

能说会道的，很可能是道貌岸然的伪君子，处世练达的人，能拿捏好人与人之间恰如其分的距离，这样的人才是真正的大丈夫。

【小白新读】

为人处世，少说多做。再多空虚浮夸的言辞，都比不上好好做事、拿出结果重要。

守口如瓶，防意如城。

【出处】

宋·晁说之《晁氏客语》："刘器之云：富郑公年八十，书座屏云：守口如瓶，防意如城。"

明·周亮工《尺牍新钞·宋之祯〈寄真存古〉》中也有此句："足下观物如朗鉴，而守口如履瓶，防身如履冰。"

【释义】

说话要非常慎重，就像塞紧瓶口一样；欲念要严加防范，就像守城防敌一样。

【小白新读】

心是身体、言语和行动的主人。是否要说、说什么、怎么说、什么时候说等一切行为，实际上都是心在主导。一方面，做任何事都要重视初心，以善心善念做事，即便做得不完美，也可以不断总结提升。另一方面，要训练观照自心的能力，提升觉察力，这样才能在做事的过程中了解哪些地方做得不到位，可以改进。

人际交往

在家千日好，出门处处难。

【出处】

清·褚人获的《隋唐演义》第十回："诸兄是作豪杰的人，岂不知在家千日好，出门一时难。六月里山东赶到长安，兵部衙门挂号守批回，就耽误了两个月，到八月十五才领了批。"

【释义】

在家里做什么都很方便，但出门在外却经常处处不便，事事容易遇到困难。

【小白新读】

在外打拼的人，离开家乡，形单影只，内心难免孤寂，而工作生活中也未必能有很多助力。家乡作为出生地，跟每个人有着深厚的联结，在那里，有父母还有亲人，能得到的帮助和支持相对更多。

座上客常满，杯中酒不空。

【出处】

出自《后汉书·孔融传》："座上客恒满，尊中酒不空，吾无忧矣。"

【释义】

家中很热闹，天天都有人来，把座位都坐满了。杯子里从来没有空着的情况，都盛满了酒。

【小白新读】

当今，线上线下的社交如火如荼，如何在时代的潮流下保持初心，成了很多人心中的难题。

山东拉面哥在网络爆火后，面对全国各地慕名而来的摄影师、游客，不仅没有哄抬价格，继续卖着3元一份的拉面，而且凭借自己的影响力，带领全村打扫卫生，拓宽公路，还修建了停车场，免费接送游客、发放茶水。有人采访他，他说，我把人情看得比较重，把钱看得比较淡。

拉面哥的案例或许能给很多人提供一份如何待人待客的参考答案。

家中不和邻里欺，邻里不和说是非。

【释义】

家庭不和谐、不团结的话，容易被邻里欺负；而邻居之间不和谐的话，就容易发生口角。

【小白新读】

家庭关系和谐，亲人互相关爱，互帮互助，对每个家庭成员的身心健康都有益处。团结一心的集体，具备其利断金的力量，外人看了，自然而然会赞叹。倘若自家人都互相攻击、争吵不休，邻里知道了，肯定会闹笑话。

所谓远亲不如近邻，邻里关系不仅能够方便平时生活、工作、学习，遇到麻烦或困难时还能互相帮衬，对个人、家庭乃至整个社会的文明和安定都有重大影响。日常生活中，我们应该处理好邻里关系，加强沟通了解，互相包容，营造和谐的邻里关系。

奸不通父母，贼不通地邻。

【释义】

阴险奸诈的人无法跟父母联合起来害自己，因为父母是自己的亲人；盗贼也不能通过跟左邻右舍合作来盗取自家的钱财，因为邻居是自家的熟人。

【小白新读】

数字时代，很多人不仅被冰冷的钢筋混凝土禁锢，甚至也被手机、电脑和网络绑架。人与人之间的关系越发淡薄，如何找回与人为善的幸福感？最简单的就可以从与父母、邻里的相处中入手。放下金钱至上的功利心，真心实意观察他人的需求，力所能及地满足他人的心愿，千万不要用红包代替陪伴，用物质利益的交换代替难能可贵的真诚。

和得邻里好，犹如拾片宝。

【释义】

同邻里相处得好，就像捡到一块宝贝一样可贵。

【小白新读】

一些人认为，邻里关系无非鸡零狗碎、鸡毛蒜皮，所以在与邻相处时，斤斤计较，睚眦必报，如此一来，邻里关系肯定是两相仇视、咬牙切齿。

宋代袁案制定的《袁氏世范》中，记载了一个真实的案例。某人做官后，残虐邻里，后来有仇家纵火，火势蔓延开来。邻居火速赶到现场，却没有一个人去救。危急时刻，邻居快速商议道，如果救火，不仅这官员不领情，还可能反过来诬告他们趁火打劫，到时候被带到官府，无论如何都会伤筋动骨；如果不救火，按照法律，顶多挨一百板子。最后大家决定，宁可拼着挨一百板子，也不去救人。事后，官府在判案的过程中了解了实情，免除了邻里的罪。

有难处的时候，互相搭把手，与邻为善，与邻为伴，是很美好的事。人海茫茫，比邻而居的家庭，一定有着不同的缘分。珍惜短暂的相聚，彼此珍视，就是惜缘。

与人方便自己方便，一家打墙两家好看。

【释义】

给别人提供方便就是给自己提供方便，一家把围墙打掉了，自己家和隔壁家两家人的视线都开阔了。

【小白新读】

要说和谐邻里关系的典范，很多人都会想到"六尺巷"的故事。清代中期，当朝宰相张英和叶侍郎比邻而居。当时，两家都要起房造屋，为相邻的地皮起了争执。张家老夫人修书一封到京，想让宰相张英出面干预。这位宰相看完信，立即写诗劝告，"千里家书只为墙，让他三尺又何妨？万里长城今犹在，不见当年秦始皇"。张老夫人见信后，立刻把墙主动退了三尺。叶家看到这个情况，很惭愧，也把墙让出了三尺。张叶两家院墙间留下六尺宽的道路，后来成了有名的"六尺巷"。

谦让宽容是处理人际关系的润滑剂，古代开明之士尚能如此，在经济和科技发达的如今，更该身体力行。遇到小事，记住一句话：争一争，行不通；让一让，六尺巷。

志不同己，不必强合。

【释义】

志向不同，不需要勉强凑在一起。

【小白新读】

明代著名清官海瑞，在出任浙江淳安知县时，认识了当地的巡抚赵贞吉。赵贞吉处事圆滑，喜欢琢磨嘉靖皇帝和同僚的心思，遇事甩锅，缺乏责任心。后来，海瑞升任户部给事中，而赵贞吉也升了户部尚书，最后进入内阁。虽然赵贞吉长期是海瑞的顶头上司，但两个人却因为脾气、品行相差很远，所以没有成为朋友。

每个人对友谊的标准不同，除了与秉性相投的人同行外，也要尊重他人的价值观点和行为习惯。草草见面，不见得能在交谈和举止中看出对方是否跟自己的三观相合、情趣相投。所谓知己，也是非岁月不可。

栽树要栽松柏，结交要结君子。

【释义】

松柏无论风吹雨打，依然挺直耸立，它的刚正不阿和不畏严寒值得学习，君子也是坦荡荡，是值得人们去学习的榜样。交友就要结交像松柏一样的正人君子。

【小白新读】

君子之交淡如水，寻找知己，需要顺其自然，不强求，不苟交。正直良善的朋友可遇不可求，可以在与人交往中，慢慢观察发现，却无须刻意制造机会攀缘。

君子凡事从自己身上找原因，喜欢付出，不计较得失。真正的君子不会因利勾结，把他人当作升官发财的垫脚石，对朋友坦诚真实、信任支持，不会各种揣测、怀疑。倘若因为一点小事就分道扬镳，这样的做派绝非君子。

结交一人难上难，得罪一人一时间。

【释义】

结交一位好友是件不容易的事，而得罪一个人可能是不经意的一个瞬间或一件小事。

【小白新读】

人情难交，归根结底还是因为大多数人的内心或多或少有不安全感，对外界有距离，害怕别人不怀好意伤害自己。大多数人都是在多次的你来我往中，增进了解和信任，以维系相对稳定的关系。

实际上，世间的大多数关系都不会百分百稳固。夫妻可能和离，亲人可能死亡，朋友可能远隔天涯。即便再渴望能够永久地在一起，也会出于各种原因而离别或陌路。

更何况，很多自认为良善的人，所说的话、所做的事，看似利他，实则利己。害人之心不可有，说起来简单，但有时候为了自身能够获利或得到赞赏，不少人还是会选择伤害或贬低他人。想要真正避免伤害、得罪他人，需要长养一颗仁慈、善良的心，同时提升观察自心、语言和行动的敏锐度。

贪他一斗米，失却半年粮。

争他一脚豚，反失一肘羊。

【释义】

贪图他人一斗米，自己却损失了半年的粮食；争夺别人一只猪蹄，自己却失去了一肘羊肉。

【小白新读】

曾经有个叫杨刚的网民，利用网购商品货到再拆装验收最后付款的流程漏洞，用低劣假货调包高档真品，在一年多的时间内，先后60多次骗取物品，最后被警方抓捕，不得不接受法律制裁。

这件事告诉我们，不要被小便宜诱惑，不是自己的东西坚决不拿，不该得的利益坚决不占。贪小失大，贪小便宜的人也很容易上当受骗。看似是优先获取了他人的利益，实际最终损害的是自己的利益。

用心计较般般错，退后思量事事宽。

【释义】

任何事算得太精，反而会出错；退一步思考，自己的路反而会变得宽广。

【小白新读】

布袋和尚曾在游方民间时，留下一首《插秧诗》："手把青秧插满田，低头便见水中天。心地清净方为道，退步原来是向前。"他借农民插秧的故事一语双关，表达了以退为进的道理。

被别人误解时，宽容一笑，能避免怨怼；与人争执时，后退一步，能避免争吵；过马路时，礼让弱者，能积累小小的善德。多让一步，不是示弱，相反能搭建起和善友爱的桥梁。

十分伶俐使七分，常留三分与儿孙。

若要十分都使尽，远在儿孙近在身。

【释义】

十分的灵巧与聪明，使上七分就可以了，过度的心机不仅会影响自身运势，还会削弱儿孙的福德。

【小白新读】

古代很多君王虽然都表现出求贤若渴，但当真正德才兼备的人出现，帮他打理江山，显示出了不起的聪明才智时，那往往也是他怀疑、揣测的开始。国君想任用，但也怕掌控不好。太聪明不懂得藏拙的人，很可能会在风头正盛时跌落凡尘，甚至殃及子孙。

历史上，诸葛亮虽然遇到了刘备这样的伯乐，对他信赖有加，甚至临终托孤，但上知天文、下知地理的诸葛孔明，也是事事需要计算，这才有决胜千里之外的丰功伟绩。功绩的背后，是大量的思虑和筹谋，最终他在天命之年溘然长逝。

过度易自伤。一个人聪明机灵、做事灵活是好事，在沟通交往时往往很有优势，但也一定要懂得藏拙，真心待人，千万不要提前把力使尽，把福享尽，把便宜占尽，把聪明用尽。

息却雷霆之怒，罢却虎狼之威。

饶人算之本，输人算之机。

【释义】

平息如雷霆般的怒火，收敛猛如虎狼般的威风。宽恕别人是胜算的根本，忍让别人是成就功业的天机。

【小白新读】

温暖的春风化育万物，寒冷的冰雪使万物枯萎。人与人交往，要注意言行。一个气度恢弘的人，无论到哪儿都受人欢迎；反之，如果心胸褊狭、尖酸刻薄，则会被当成是难缠的人，让人退避三舍。

人与人之间的关系是相互的，雷霆之怒、虎狼之威等强势手段，可能迫使他人表面屈服，却也可能激起强烈反抗，最终矛盾激化到不可调和、两败俱伤的地步。改善任何关系，都要从自己做起，以平等、友善、开放的态度对待每个人，将心比心。善待他人就是善待自己。我们没有理由虐待自己，也同样没有理由轻视同类甚至弱者。

只有和气去迎人，那有相打得太平？

【释义】

做人想要太平，就要和颜悦色地对待客户、家人、朋友、同事，乃至陌生人。自己和和气气的，别人也会和气相待。如果天天骂骂咧咧，看谁都不顺眼，那怎么可能会安生呢？

【小白新读】

没有无缘无故的恨，也没有无由无端的爱。荣辱福祸不会毫无理由地加诸任何人身上，种什么因得什么果，一切福祸爱恨都是自己招致。

凡事但凭无愧于心，平时不做昧良心的事，任何时候都无须惊慌失措。俯仰之间对得起天、对得起地、对得起他人、对得起自己，也就没有什么可畏惧的了。

如何凭着良心俯仰无愧地做事，这和人的心境、为人处世的风格有莫大关系。所谓"心合则福来，心散则福散"，"福不可徼，养喜神，以为招福之本；祸不可避，去杀机，以为远祸之方而已"。常保喜乐，满腔和气，是幸福的根本。天灾虽然无法避免，但只要消除杀机、心无怨恨，也能远离灾祸或将灾祸中的损失降至最小。

触来莫与竞，事过心清凉。

【释义】

当别人冒犯自己时，不要与他计较，事情过去了，心自然会慢慢平静下来。

【小白新读】

古贤有诗曰："一切诸烦恼，皆从不忍生。临机与对境，妙在先见明。佛语在无诤，儒书贵无争。好条快活路，世上少人行。"这些话就是在提醒我们，遇事要冷静，要学会忍耐。生活里遇到别人找碴儿，不必争来争去，忍忍便过去了。

阿难尊者也曾向佛陀请教，如果有人来找麻烦该如何应对。佛陀回答说，默摈。所谓默摈，就是不合作的意思，即不与他争，由他骂，任他打，随他说。

儒家思想中也有类似的表达，所谓能辩不如能容，能防不如能化，意思就是遇事即使能看得清是非、分得明对错，也要有容人之心，包容犯错的那方。

除了包容外，该怎么预防冒犯和争斗呢？儒家讲，礼以自防。对人恭敬就是对自己最好的保护。而"能防"也不是重点，重点是以真心礼待他人。

为人何必争高下，一旦无命万事休。

【释义】

做人没必要去争什么高低上下，一旦失去生命就什么都不算数了。

【小白新读】

争强好胜、争名夺利，是世界上多数人的通病。人生百年，转眼即逝，站在生命的终点回望过往，过去再多的执着都是枉然。胜败、荣辱、得失、称毁都是过眼云烟。

想不争，需要放下欲望。因为贪心一起，就容易忘记自己已经拥有的一切，忘记珍惜和感恩。

当面留一线，过后好相见。

【出处】

清代戏剧家李渔的戏曲《意中缘》一八中有类似的表达："老兄老兄，自古道：人情留一线，日后好相见。你既不肯舍慈悲，我也不敢行方便。"

【释义】

做人做事要给别人留点情面，日后也好再次来往。

【小白新读】

留余地的道理很多人都懂，只是临到自身时，却忘得一干二净。与人相处中，当自己有理而他人无理之时，大多火力全开，严厉批判，想让自己占尽上风，最后双方不欢而散。

实际上，除非原则性问题，日常待人接物，话不必说得太难听，事情也不要做得太绝，忍一忍，退一步。给他人留一些余地，就是让自己多一条退路。

胆大不如胆小，心宽甚如屋宽。

【释义】

胆大易妄为，胆小易怕事，多一事不如少一事，所以胆大不如胆小。心情愉快，没什么挂碍执着，比住进宽敞的屋子更好。

【小白新读】

胆大不如胆小，除了理解为做事要谨慎外，还有一层意思是，遇事如何把损失降到最低。古语言，勿用有攸往，利建侯。意思是做事要看好时机，不能轻举妄动，要看准方向，不能盲目追求。可惜，世间多数人得意就开始忘形，做事胆大妄为。曾经受过苦，第一次走到高位的人更容易如此。

儒释道思想都涉及"复其本来面目"，崇尚返璞归真，回归本心。一个人的体形、衣服、财富、地位等都是无常的，会不断变化。不要让浮名虚利蒙蔽双眼，记住来时路，就能珍惜来之不易的幸福。

另外，该怎样做到心宽呢？身处富贵时，就做富贵人该做的事；身处贫贱时，就做贫贱者该做的事。总之，在不同的位置，就做当下位置力所能及的事，千万不要越俎代庖。

选夫选妻

国乱思良将，家贫思贤妻。

【出处】

出自《史记·魏世家》："先生尝教寡人曰'国乱思良将，家贫思良妻'。今所置非成则璜，二子何如？"

【释义】

家境贫穷时希望能有贤惠的妻子来解决家庭内部的烦忧，国家动荡时又寄望于有忠贞的宰相来解除外在的祸患。

【小白新读】

形势艰难时，人们就会盼望得力的人出现，解决问题。得力的人不一定总能及时从天而降，所以可以提前储备或培养。

遇到事情或问题，想寻求外界或高人的帮助，是人之常情，但永远依赖外界来解决问题，并非长久之计。一方面，真正可以帮忙通关的人，一定同时也被其他很多人需要。另一方面，重要的是要有自救的能力。所以，我们要心怀谦卑，以宽广的胸怀接纳贵人的照拂，同时也要提升独立自主的能力。

色娇者亲，色衰者疏。

【释义】

年轻长得娇嫩的，别人愿意亲近；年长容颜衰老的，容易被疏远。

【小白新读】

为何现在美颜、P图（用Photoshop软件将图片美化）这么流行，就是因为人人皆有爱美、向往年轻的心。无论是观者还是本人，都希望看到图片里的人年轻美貌、青春洋溢。

然而，是不是有了这样便捷的工具，人就真的幸福了呢？未必。毕竟，外在的工具改变不了一个人真实的模样。一个人无论貌美如花还是姿色平庸，都要面对韶华逝去、华发丛生、年老体衰的变化，这是一种客观规律。

以色侍人是一时，倘若能以智慧善巧的方式关爱他人，以真正为他人着想的心与他人相处，即便容颜老去，他人的尊重与爱护也不会远离。

贞妇爱色，纳之以礼。

【释义】

洁身自好的女人即使爱美，也只会接受那些符合礼节风俗的服饰装扮。

【小白新读】

所谓色，指容貌。爱美之心，人皆有之，爱美是人的天性，通过保养身体、穿衣打扮、修养自心等途径，变成更美好的人，这并没有什么问题。但倘若为了吸引他人的注意，甚至是引诱他人等动机和发心，去行变美之事，就容易招致祸患了。另外，也不能为了光好看，而袒胸露背，太过轻佻。在追求美的路上，持心要正，在此基础上，再有礼有节地穿衣打扮，传递对他人的尊重。

珠沉渊而川媚，玉韫石而山辉。

夕阳无限好，只恐不多时。

【释义】

珍珠沉到河底使河流越发美丽，玉石蕴含到山石里使大山闪耀光辉。一个地方有了出众的人或事，会使这个地方增添光彩。日落的美景特别美，但也害怕欣赏的时间不够长。

【小白新读】

美好易逝，珍惜眼前人和当下的美好时光。

治国不用佞臣，治家不用佞妇。
好臣一国之宝，好妇一家之珍。

【释义】

治国治天下，跟治家一样，都要亲贤人远小人。喜欢背后说谗言、传是非的，都要警惕。

【小白新读】

古人说，一屋不扫，何以扫天下？治国和治家的道理是相通的。一个国家如果都是奸猾的佞臣，那么整个国家系统都会被其扰乱；同理，如果家里出现一个巧言善辩、喜欢阿谀奉承、乱说话的人，也会导致家族不安，貌合神离。所以，在选择伴侣时，需要睁大双眼，仔细观察对方待人接物的动机和态度，从言语和行动中确认对方是否属于需要远离的范畴。

少实胜虚，巧不如拙。

【释义】

再多的虚假都不如点滴的真实可贵，奸巧伪诈的不如笨拙诚实的。实实在在的数量再少，也比嘴上说了很多但一点实际的都没有的好。

【小白新读】

思想家薛瑄说，诚可以破天下之伪，实可以破天下之虚。一个人可以在一件事中弄虚作假，但无法在所有事中欺上瞒下；可以欺瞒一个人，却欺瞒不了所有人；可以瞒得了一时，但瞒不了一世。待人做事，须发乎赤诚，如此即便过程中备感艰难，结局不尽如人意，但至少无愧于心。

人心虚浮的时代，真心与守拙有时候看似一文不名。狡诈和虚伪，固然可以一时站得住脚，但天道绝不会辜负任何一个抱朴守拙的人。毕竟，这个世界看起来是喋喋不休的聪明人在说话，可实际上却是低调敦厚的老实人得实惠。

慈母多误子，悍妇必欺夫！

【释义】

溺爱子女的父母容易害了孩子，不讲道理的女人必然要欺负丈夫。

【小白新读】

说起慈母误子，一下子就想起了《红楼梦》里的薛姨妈。她对儿子薛蟠百般溺爱，对儿子打死人等恶行，并不斥责教育，反而借着家族关系等优势，一味地纵容包庇。后来，不成器的儿子娶了个彪悍的老婆夏金桂，把家里闹得鸡犬不宁，不仅欺负薛蟠，逼死香菱，薛姨妈自己作为婆婆也受了不少气。

你是谁，就会遇见谁。倘若薛蟠是个有礼有节的翩翩公子，那么他很可能不会选择夏金桂这样霸道的人作为自己的妻子。选择伴侣，除了要仔细观察对方的人品、性格、家庭等，更要好好观察自己，改善自身。当自己成为盛开的花朵，自然能承接清风的照拂。

父母恩深终有别，夫妻义重也分离。

人生似鸟同林宿，大限来时各自飞。

【释义】

父母的恩情再深也有分别的时候，夫妻的情义再重也有离开的时候。一家人就像短暂栖息在同一个林子里的鸟，遇到巨大困境或年老命终时，都会分离。

【小白新读】

人生是一场相遇又离别的旅程，生命里尊敬的父母、亲密的伴侣、珍爱的知己虽然共同经历过许多事，彼此陪伴过很长时间，但最终都要面对分离。正因如此，我们更要珍惜当下，珍惜眼前人，善待父母、伴侣和朋友。

在善待父母方面，如今大多数家庭衣食无缺，这时候给予父母、老人陪伴，以足够的耐心和颜悦色地奉养父母长辈最为难得。

在这方面，古人是我们的楷模。春秋时代，楚国有个叫老莱子的人，他一直没有做官，带着父母过着隐居的生活。当他年近古稀，也是个老年人时，依然善待父母，甚至专门做了一套五彩衣，穿着它边走边跳，哄得老两口喜笑颜开。

选婿莫选田园，选女莫选嫁奁。

【释义】

找女婿不要只看人家的家产，找媳妇不要只看人家的嫁妆。东西只是东西，容易挥霍完，不能不看人品，只看物质。

【小白新读】

一个人的身份、财产，乃至容色、权位等，都是不定的。即便选择了家财万贯的伴侣，未来也存在一败涂地、无人问津的可能。因此，与其对外在的变量心怀希冀，不如睁大双眼，选择一位内在明亮、心性稳定的伴侣。

婚姻论财，夫妻之道。

【释义】

婚姻嫁娶也会谈论家境和聘礼，以及日后影响夫妻俩幸福和睦生活的方法。

【小白新读】

尤瓦尔·赫拉利在畅销书《人类简史》里有这样一段观点："当今社会，金钱已经打败了任何一个宗教，成为人类行为和沟通的基础工具。几乎已经没有任何一个社会行为，能完全脱离金钱的影响了。"

既然如此，作为社会最小单位的夫妻关系，当然也难以避免地受金钱影响。事实上，男女双方在决定结婚的时候，就应该把财产支配等事宜说清楚，这样才能避免日后相处中的利益纠纷。谈钱并不伤感情，提前把财产问题摊开来讲，不仅对相处有益，也能让分手更体面。

婚姻是一个家庭的开始，既要享受美好爱情，也要理性思考柴米油盐的琐碎，有规划地经营家庭生活。

▌ 贤妇令夫贵，恶妇令夫败。

【释义】

贤惠的妻子能使丈夫变得荣华富贵，不贤惠的妻子会让丈夫一败涂地。

【小白新读】

都说一个成功的男性背后有一个优秀的贤内助。什么样的女性在传统观念里才能被称为贤内助呢？一方面，能够打理好家务；另一方面，可以帮助先生成就事业。与此相对，对家里人、家中事不闻不问，整天吃喝玩乐，挥金如土的，大概率很难帮夫助夫。即便坐拥金山银山，妻子也需要注意言行，克制欲望，避免铺张浪费，低调不张扬。

一家养女百家求，一马不行百马忧。

【释义】

一家养了个好女儿，会有上百家人登门求亲；一匹马如果不走，会导致一群马跟着不走。

【小白新读】

美丽、孝顺、能干的女孩，很多人都会想着上门求亲。优秀的男生，也是如此。选择伴侣，不能仅靠眼缘，更要考量对方的家庭、品德等。好的伴侣，能够彼此助益。选错了，不仅会给自己添堵，也会扰乱家族。

古代，人们出行的主要交通工具之一就是马。马是群体动物，如果一群马中，有一匹马因为体力不支，不愿意前行，那其他马也会跟着停下来，不往前走。有时候，一个小小因素的改变会影响全局。

妻贤何愁家不富，子孙何须受祖田。

【释义】

贤惠的妻子能兴家旺家，帮助家庭获得事业的成功，子孙有样学样，还有什么必要去受用祖辈留下的产业呢？

【小白新读】

家道兴隆，贵在有德。贤妻不仅能帮夫旺夫，孝养父母，更能教养好子女，兴旺家业。

夫妻之道

一日夫妻，百世姻缘。

【出处】

出自《神明公案》二："夫已同我走出门外，复奋身入房，救取衣服等物。此时烟焰蔽空，魂飞魄散，逃避无计，岂能推夫入火？况'一日夫妻，百世姻缘'，何忍下此毒手？"

【释义】

即便是做一天的夫妻，也是由百年姻缘所定。男女夫妻关系，绝非偶然。

【小白新读】

古人认为，夫妻是前世结下的因缘在今世的显现。因此，过去留下了很多劝诫夫妻安忍度日、不要置气、珍惜缘分的词句。

世界很大，男男女女何止千万，穿越茫茫人海，彼此奔赴，结为良伴的，本就是低概率。而这份难得的缘分，最多也不过数十年。时光倏忽而过，倘若不以为意，敷衍慢待，再此之后又不知要历经多少沧海桑田才能遇见这样的缘分。

爱妻之心是主，爱子之心是亲。

【释义】

对妻子的爱是最主要的，对孩子的爱则是亲情的成分更多一些。

【小白新读】

也有人把这话的前半句理解为，对妻子的爱应该是家主之爱，强调丈夫作为一家之主，对妻子的爱并非专属一人，更包含对整个家庭、对父母长辈的责任。

夫妻关系是家庭关系的核心，也是最主要和首要的。要想处理好亲子关系、婆媳关系，就要优先理顺夫妻关系。

> **男人有志，妇人有势。**
>
> **夫人死百将临门，将军死一卒不至。**

【释义】

一位将军的夫人死后，他手下的将领都会临门，并且来的人特别多。可如果是将军死了，平时看似关系很好的人都会随之离去。

【小白新读】

世间的关系都是相互的，丈夫得志，事业成功，自然能惠泽家族，妻子也能收获更多的尊重和体面。同样，女性如果能用心协助丈夫，那么丈夫想不成功都难。一个真正优秀、成功的人，最先成就的是他人，其次才是自己。

夫妻之间也当如此，夫妇同体，一荣俱荣，一损俱损。显贵时，很难看清究竟谁对自己真心；落难时，才能真正体悟关系的脆弱。当夫妻二人中一方或双方的优势退去，花团锦簇的繁盛不再，觥筹交错的热闹不再，这时候，才能看清世间的凉薄和人情的冷暖。

> 两人一般心，有钱堪买金；
> 一人一般心，无钱难买针。

【释义】

如果两个人一条心，哪怕暂时没钱，以后也能靠努力，收获丰盈，买到珍贵的东西；而如果各打各的鼓，各吹各的号，各执己见，那么再有钱，也很难一起买到一枚针。

【小白新读】

即便前方困难重重，只要两人一起努力，共同奋斗，就会越来越好。而如果两个人各有各的想法，各有自己的小心思，那么即使是再简单的小事，也会因为两人的不团结导致失败。

莫骂酉时妻，一夜受孤凄。

【释义】

不要在晚上和妻子吵架，否则一夜都会孤孤单单，无人理会。

【小白新读】

酉时是下午5点到7点这一时间段，这时候也是通常的晚饭时间。在此期间，斥责任何人，不仅影响对方进食，更影响夜间睡眠，对他人的身心，尤其是夫妻情感很不利。

事实上，任何时候，随意骂人都不是好习惯。尤其是夫妻不和，更会影响整体的家庭氛围，祸及老小。夫妻相处最讲究"忍"和"容"，宽容和忍耐非原则性的小毛病，把注意力放在对方的贡献和成就上，这样才能让夫妻关系和谐、融洽、久远。

受恩深处宜先退，得意浓时便可休。
莫待是非来入耳，从前恩爱反为仇。

【出处】

出自《清平山堂话本·张子房慕道记》，原句是："高祖苦劝，张良不允。'且回相府，明日再来商议。'张良辞驾出朝，吟诗一首：'游遍江湖数百州，人心不似水长流。受恩深处宜先退，得意浓时便可休。莫待是非来灌耳，从前恩爱反为仇。不是微臣归山早，服侍君王不到头。'"

【释义】

在最受宠爱的时候，应该考虑功成身退；在最春风得意的时候，也要知道适可而止。不要等到是非、麻烦找上门，才知道放手，那时为时已晚。

【小白新读】

《三国志》中，张邈和曹操、袁绍起初是好朋友。曹操孤军抗董卓，只有张邈派军队支援。后来，张邈得罪了袁绍，袁绍让曹操杀掉张邈，曹操据理力争，保住了张邈的性命。在征讨陶谦时，曹操告诉家人，如果自己战死，阖家可以投奔张邈。

　　这样过命的情谊，却也没有抵过人心的猜疑。在曹操再次征讨陶谦的时候，张邈没有顶住别人的劝说，参与了跟弟弟张超、陈宫等一起迎吕布、叛曹操的计划，曹操因此陷入危局。最后吕布被打败，张邈仓皇逃走，曹操攻下了张邈家人所在的雍丘，灭了他三族。

　　由古至今，无论是亲友，还是夫妻，乃至合作伙伴，人与人之间的关系始终在不断变化。恩爱和气时，一片好景；仇恨争吵时，浓云惨淡。面对任何关系，需要保持平常心，去留无意，看云卷云舒。

夫妻相和好，琴瑟与笙簧。

【释义】

夫妻之间和睦相处，就像琴瑟与笙簧一样音韵和谐。

【小白新读】

丈夫和妻子，一个像琴瑟弦乐，一个像笙簧管乐，合在一起才能合奏出美妙动听的曲调。不同的乐器，性质、弹吹方式、音色都不一样，各有特色，无法取代。夫妻也是如此，正因为各有擅长和不足，所以在一起才能取长补短。

要想夫妻关系好，重在一个"和"字。两人共同生活就像是一起合奏乐曲，虽然偶尔会有小小的不和谐的音调跑出来，但完全没有必要理会，更不必为了这一点小问题，停下演奏的步调，重要的是相携把一首完整的曲子合奏圆满。

持家之道

家无生活计，坐吃如山崩。

【释义】

家中若没有谋生的办法，靠祖辈留下来的一点东西，最终只会败得精光。

【小白新读】

一个家庭一定要有能够获取收入的渠道和来源。即便家财万贯，如果一直往外花，没有进项，也难以持久。

> 家有良田万顷，不如薄艺在身；
> 艺多不养家，食多嚼不赢。

【释义】

家里有再多的田产，也不如有一手技艺能傍身糊口；技艺太多做不好，照样没法养家，饮食贪多，也难以消化。

【小白新读】

一个人即便有一百样手艺，但因为时间和精力有限，也不可能每一样都擅长，不如专心在其中的某个领域，精益求精。

当然，这个具体的领域也是要经过筛选的。当初，杨振宁赴美留学，在实验室工作得十分不顺，时常在实验时引起爆炸。美国氢弹之父泰勒博士关注到了杨振宁的苦闷，他主动关心道："你做实验是不是不大成功？"杨振宁诚恳地点点头。泰勒博士建议说："或许，并不一定要写实验论文，你不是已经写了一篇理论论文吗？可以把它再扩充一下。"经过几天的考虑，最终杨振宁接受了自己动手能力不强的事实，放弃了实验论文，毅然把主攻方向转至理论物理的研究。

每个人都有自己的优势和劣势，对自己的能力有清醒的认知，把有限的精力投入优势中，也是一种智慧。

勤俭为无价之宝，节粮乃众妙之门。

【释义】

平时节衣缩食，即便突然陷入困境也能够渡过难关，但如果富足时豪华奢侈，铺张浪费，不知道储备，那么陡然落入穷困，很容易死于饥寒。

【小白新读】

这句话也是《曾国藩家书》里的重要家训。曾老提醒后辈，不仅要辛勤付出，也要珍惜和节约。诸葛亮在《诫子书》中也说，静以修身，俭以养德。可见，俭不仅是做人的操守，更是持家的重要法门。

节是节约、节流，支出有度。过去的老人常说，钱要用在刀刃上，这句话的核心就是"节"。节是不务虚，是积累有方，如此家族经济才能持续。

家无三年之积不成其家，国无九年之积不成其国。

【释义】

一家人如果没有三年的积蓄，就不像个家；一个国家如果没有九年的积累，就不能称为国家。

【小白新读】

过去，普通人家的生活条件不是很好，孩子一多，一家人就容易吃不饱、穿不暖。如果依靠劳作，每天有进项，再加上省吃俭用，再贫苦的家庭，多少也能有点余粮或散钱的积累。时间长了，家里的境况也会逐渐好起来。哪怕遇到荒年，也能拿出提前储备好的物资或钱财扛过去。

国，更像是由一个个小家组成的大家。大家族物资储备与消耗的总量，要比小家庭多得多。一个国家想要富强，各方面的积累不仅需要量，也需要更长的时间。如果储备的物资充足，哪怕百姓遭遇突然灾害，那么也能拨发相应的物资救助，以此获得民心，维护稳定。

因此，无论小家还是大家，都要重视平时的积累，日复一日微小而持续的累积，能在危急时刻发挥巨大作用。

> 道路各别，养家一般。
>
> 由俭入奢易，从奢入俭难。

【释义】

每个人所走的道路虽不一样，但都要自力更生或养家糊口。由俭朴到奢侈很容易，由奢侈再回到俭朴就难了。

【小白新读】

司马光生性不喜欢奢华浪费。小时候，长辈把金银饰品和华丽的服装加在他身上，他总是感到羞愧而把装饰抛弃掉。二十岁中举，喜宴上只有他不戴花。同年中举的人告诉他："皇帝的恩赐不能违抗。"他才勉强在头上插了一枝花。在司马光看来，衣服足以御寒就行了，食物能够充饥就行了。他秉持着清俭的美德，却也从不故意穿脏破的衣服，以此显示自己与众不同，博取美名。

孔子也说，与其骄纵不逊，宁可简陋寒酸。又说，有志于探求真理，而以穿得不好、吃得不好为羞耻的读书人，是不值得跟他谈论的。而今一些人不以节俭朴素为好，却以奢侈浪费为荣，这些人对节俭的举动评头论足，甚至出言讥讽，是不应该的。

家有千口，主事一人。

【释义】

办任何事情都要有领头的人。治家也是如此，大事小事要有最后裁决的人。

【小白新读】

过去的家庭，往往有一个明确当家做主的人，对家中的大小事务有决定权。这样的家族关系，或许有人看来不够民主，却也在过去相当长的一段时间内，维持着家族的和睦稳固。

如今的家庭，凡事靠商量沟通，每个人都有各自的想法和意见，不少家庭内部都出现了大小的矛盾冲突。尤其是部分90后新一代夫妻，过着AA制的家庭生活，各自支配各自的金钱。当双方矛盾产生甚至升级时，连买个东西都开始斤斤计较。

婚姻和家庭，固然要理性经营，却也要兼顾彼此照顾、彼此呵护的情谊。倘若遇到问题，就开始讨论怎么分钱，怎么划分财产，那组成家庭的意义何在呢？

家庭和睦需要所有人的互相包容，共同努力，也要有一个相对具有威信和话语权的明白人尽量客观公正地处理问题，解决矛盾，让家族缘分延续得更久远。

相论逞英豪，家计渐渐消。

【释义】

家庭成员之间彼此争论，高谈阔论，各自逞能，家道会逐渐衰落下去。

【小白新读】

过去的温州"皮革大王"王敏，就是被家人算计，辉煌事业走向衰落的典型。20世纪90年代，王敏通过自己的努力做起了皮革生意，经过十多年的努力，在千禧年后成为全球规模最大的猪皮革产销企业，代理点遍布全球六十多个国家和地区。

就在企业蒸蒸日上的时候，他的父母、姐姐和两个弟弟却偷偷把王敏的股权转到自己名下，甚至这几个至亲竟然联合把王敏送进了当地的精神病院。在妻子的奋力解救下，王敏走出病院，却也不得不跟父母家人断绝关系。一系列的家庭纷争，搞得王敏身心俱疲，无心打理公司，结果公司业绩直线下滑，逐渐成为商业浪潮中一朵浪花。

家庭是一个人的后盾，也是这个人的软肋。幸运的人拥有帮助和成就自己的家人，不幸的人会遇到阻碍甚至背叛自己的家人。无论如何，珍惜这一生的遇见，延续善缘，化解恶缘。

手指要往内撇，家丑不可外传。

【出处】

宋·释普济《五灯会元》："僧问：'化城鉴如何是各尚家风？'曰：'不欲说。'曰：'为甚如此？'曰：'家丑不外扬。'"

【释义】

手指头都是往内撇的，家里不光彩的事就好像手指头，不宜向外宣扬。

【小白新读】

如果把家里的委屈、丑事说出来，对方能守口如瓶，甚至提出建设性的意见，倒也罢了。倘若只是为了吐吐口水，发泄情绪，那还不如找个树洞或者旅行散心。话传百遍必失真，与其浪费精力抱怨，不如积极寻找解决方法。

家庭也是一个组织、一个团队，成员间需要互相鼓励、互相肯定、互相赞美，才能精诚团结，充满力量。倘若彼此之间相互指摘、相互抱怨、相互攻伐，只会人心离散，从内部就开始分崩离析，谈何携手共进呢？

治国信谗必杀忠臣，治家信谗必疏其亲。

【释义】

治理国家时，倘若听信毁谤的言论，必然会残杀忠臣良将；而治理家庭内部事务时，如果总是听取挑拨离间的话，必然会让真实可靠的亲人远离。

【小白新读】

谗，就是谗言，不能公开讲的话。生活中，是非话不要传，不要讲，讲多了损阴德。谗言是非就像铁锈，会让质地上好的铁腐蚀，让干净的灵魂蒙尘。

料理家族事务，跟治理国家有异曲同工之妙，都需要亲贤德，远奸佞。长期跟贤良的人接触，就像落入檀香林中的木头，时间久了也能沾染妙味；而和奸佞的人同流合污，也容易像柳贯鱼鳖，沾染腥臭之气。所以，要重视环境和德行对自身和家庭的影响。

欲昌和顺须为善，要振家声在读书。

【释义】

想事业昌盛、一切平顺，就要与人为善；想要振兴家族，弘扬优良家风，就要多读有用的书籍。

【小白新读】

有人说，这世上可以不劳而获的是贫穷，可以无中生有的是梦想。想把事情做好，就得多动手、多动脑，当别人在消遣的时候，尝试学点什么；在别人放弃的时候，继续咬牙坚持；当被人抱怨不公、自暴自弃时，保持信念，换一种路径，继续前行。

父子和而家不退，兄弟和而家不分。

【释义】

父亲和儿子团结一致，家往往不会衰败；兄弟之间和睦相处，就不会有分家的局面。

【小白新读】

俗话说，打虎亲兄弟，上阵父子兵。古今中外，为了金钱和权力，父子反目、兄弟阋墙的故事太多了，有的为了王位弑父夺位，有的仅为了一点财产就和有养育之恩的父亲反目成仇。在利益和权力面前，亲情有时候不值一提。

无论如何，父子反目、兄弟不和的问题都可以追溯到孩子的成长教育阶段。任何人都不是生而凉薄，会受后天环境和父母教育的影响。凡事有因，作为父母，应当从小以身作则，重视德育的意义和价值。厚德载物，财富、知识、能力的教育和传承固然重要，但德行的教导和沿袭更需重视。

父子竭力山成玉，弟兄同心土变金。

【释义】

父子或兄弟之间如果能够同心协力，共同奋斗，那么再难的事情也能办成。

【小白新读】

《周易·系辞》（上）中有言，二人同心，其利断金；同心之言，其臭如兰。意思是说，两人齐心协力，凝聚的力量就像锋利的刀能斩断金属；志趣相投，同心同德的人相互交流，就好比闻到兰花香气一样，沁人心脾。

宋代苏轼和苏辙的同袍情，就是兄弟同心的代表。他们俩不仅在诗词歌赋上相谈甚欢，在政治生涯中也始终患难与共，不离不弃。在乌台诗案中，苏轼因诗词有讥讽之嫌而落狱。生死未卜之时，苏辙冒死上奏，宁可不做官，也要换兄长一命。

有多少人能像苏辙一样，为了亲人兄弟奋不顾身，舍去名位权势呢？读古以为今用，我们应该学习古人对待长辈、同辈和晚辈的心意、行止，经营有德行、有温暖的当代新家庭。

人前显贵，闹里夺争。

【释义】

在外人的面前，表现出一副豪富显贵之态；背地里，干的却是争权夺势、争夺家产的丑事。

【小白新读】

从古至今，兄弟之间争遗产，妻妾之间争宠爱的事并不少见，豪绅富庶的家庭中更是寻常。外人面前，虽然一副声势浩大的模样，排场风光背后的悲喜，唯有局中人自己明了。

每个人都有或多或少的虚荣心，这无可厚非，但如果明明没有钱，没有名声地位，没有能力实力，没有足够的福德，却硬装出一副样子，实在毫无必要。人可以有自己的目标和人生规划，可以为了实现这些目标而去努力，但不能被虚荣迷惑，忘记自己的本心。

架上碗儿轮流转，媳妇自有做婆时。

【释义】

架子上的碗碟轮流使用，今天的媳妇也有当婆婆的一天。

【小白新读】

婆媳关系看起来像是一个亘古难题。有的媳妇嫁进门以后，苛待婆婆，连衣食都不给；也有的婆婆，自打媳妇进了门，就没给过好脸色，百般刁难，各种嫌弃。事实是，人哪有完美的呢？如今的婆婆不也曾是年轻的媳妇？自己年轻时咄咄逼人，年纪大了少不得也要受晚辈的气。

每个人都有自己的生活习惯和做事风格，倘若总以自己的原则要求他人，那么很难与人相处，婆媳之间亦是如此。与其揪着各种小事不放，不如放大心胸，做个难得的"糊涂人"。生活中本没太多原则性的事，大多的争吵都缘于争强好胜的心。在小事上睁一只眼闭一只眼，就是把小小的烦恼关在心门之外。计较少一点，人生的快乐就多一点。

教子育女

养儿防老，积谷防饥。

【出处】

元·高明《琵琶记·牛小姐谏父》：“爹爹，正是养儿代老，积谷防饥。”

【释义】

养育儿子以防老年无依靠，保存谷物为防备饥荒。

【小白新读】

父母养育子女，是出于天然的爱意，并非全然寄望于子女在自己临老时赡养。子女对父母心怀感恩，在父母年老需要照顾时，反哺报答父母的恩情。这样发自内心的天伦之爱，才真正令人感动。过去，因为宗系承袭，重男轻女的现象盛行。如今，因为婚嫁要求男方要有房有车的经济压力，一些人又开始重女轻男。实际上，真正有孝心的子女，无论男女，无论远近，怎么可能不对父母心存感念，想要以更多的付出和陪伴来报答父母的养育之恩呢？父母只需好好身体力行，孩子们自然会受到潜移默化的影响。

有子之人贫不久，无儿无女富不长。

【释义】

有子孙的人，贫穷不了多久，但没有子孙继承家产的人，富贵也无法长久。

【小白新读】

过去农耕时代，做事靠人力。男丁的力气大，是最佳生产力，可以帮扶家里的生计。媳妇进门后，如果能给家族添男孩，那人丁就会越来越兴旺，家族的活计会更加轻松，发家致富也会更有资本。相反，如果家族人丁单薄，连后嗣都没有，那么连基础的农务都搞不完，更别提寻摸改善家计的方法了。

现今早已不是靠人丁数量、体力劳动过活的时代，无论男女，通过努力和智慧都可以实现自身价值，为家庭做出贡献。

惜钱莫教子，护短莫从师。

【释义】

舍不得钱财就不要教育子女，包庇孩子的缺点就不要让他跟随老师学习。

【小白新读】

教育孩子，不能吝啬，得舍得投入。除了言传身教外，孩子也需要好的学习环境、良师益友，依靠这些，学习如何与人交往，融入群体。如果没有这方面的锻炼和实践，孩子的成长就存在一定程度的缺失。

玉不琢不成器，过于护短，无益于改掉孩子身上的不良习惯。一些父母溺爱孩子，让孩子有了不管做什么事反正最后都有父母兜底的潜意识，结果胡作非为，闯下大祸。子不严，父之过。父母要对孩子的早期成长负主要责任。

世上没有完美的父母，凡事尽心，不过度也不欠缺，这样才能让孩子的身心平衡发展。

国清才子贵，家富小儿娇。

【出处】

出自《五灯会元》卷十七："……赵州老汉少卖弄，然则国清才子贵，家富小儿娇。"

【释义】

国家政治清明，有才能的人就会受到重视；家庭富裕，孩子就会受到娇惯。

【小白新读】

说到珍惜贤才，不得不提到周公姬旦。还在洗头时，周公就多次握着没有梳好的头发，急匆匆地出门见客，又多次在吃饭的时候，吐出嘴巴里还没来得及咀嚼、下咽的食物，优先接待有才之士。

一国之盛，离不开选贤用能；一家之盛，离不开教子育女。富裕家庭在教育子女方面，虽然有扎实的经济基础，能给后代营造良好的教育成长环境，但也容易滋生娇生惯养等问题。因此，要特别重视从小培养孩子吃苦耐劳的精神，锻炼他们的动手能力和独立自主能力，避免让孩子成为温室的花朵，为家道中落埋下隐患。

308 ·

生男欲得成龙犹恐成獐，生女欲得成凤犹恐成虎。

【释义】

生了男孩，父母肯定希望他有朝一日能像神龙一样高飞于天，却也担心他成长为香獐一样畏缩胆小的人。同样，生了女孩，父母想把她培养成翱翔蓝天的彩凤，但也担心她日后变成性情暴躁的母老虎。

【小白新读】

生活中，父母和子女无法沟通，因小事而怒气相向的场景并不罕见。不少父母觉得，自己一辈子都在为了儿女和家庭打拼，既然如此，子女就应该理解父母的苦心，好好学习，为家族争光。可孩子们却不这么想，他们觉得，自己是独立的个体，父母应该少一些要求，多一点尊重。

大家都习惯于把自己的期望和要求投射在对方身上，希望对方能理解、接受、符合自己的心意和要求，否则就会觉得失落、痛苦。所以，如果仔细观察也不难发现，越是亲密的人，常常对彼此越苛刻。

对此，我们可以学习在亲近关系中，多一些宽容和放松，这样很多小问题都会迎刃而解。

养男莫听狂言，养女莫叫离母。
男子失教必愚顽，女子失教定粗鲁。

【释义】

抚养儿子，不要让他听取那些疯狂的言论，而是要教导他正向的价值观和辨别是非的能力。抚养女儿，要让她多和母亲在一起，学习为人处世的方法。男孩子缺少教养必然会变成愚昧顽固的人，而女孩子失去教养必定会变成粗野鲁莽的人。

【小白新读】

早期教育对孩子一生有重要影响。小时候，孩子任性哭闹、不好好吃饭及违反约定的事，不能惯。孩子能解决的问题，要让孩子自己去解决；不能解决的，也要教导方法，让他们学着解决。做错了事，父母要让孩子懂得自己承担后果。

在养育男孩的时候，需要重视规矩，让孩子成为一个说话做事有约束、有章法的人。当然，对于他们天马行空的创造力，需要尊重，而不是立刻否定。

在教养女孩时，要重视安全感的呵护，要尽量给予女孩们无条件的关爱。所谓富养，并不强调要提供多么优越的生活条件，而是要让孩子开阔眼界，形成独立有主见的人格。

男子无志纯铁无钢，女子无志烂草无瓤。

【释义】

一个男人胸无大志，就跟一块炼不出钢的纯铁差不多。一个女人没有志气，就像长满杂草的庄稼地，结不出丰硕的果实。

【小白新读】

自古而今，世间对男女的要求并不相同，教育的方法和侧重点也有所差别。差别虽有，但志气志向无关性别，是任何孩子都需要的。

一个没有志气的男孩，往往无法面对困难，遇到苦难容易打退堂鼓，软弱且缺乏男子气概。一个没有志向的女孩，要么羡慕他人的美好生活，自己却不肯付出努力；要么容易沉迷美容、购物，生活无趣，这样的女孩无论内心，还是日常，都缺乏诗意和美好。

为了避免上述情形，父母在孩子小时候就要有意识地放手，锻炼孩子独立做事、自主思考的能力。这样，孩子才能有自我学习提升的内在推动力，自发探索人生旅途的宝藏。

浪子出于祖无德，孝子出于前人贤。

【释义】

放荡不羁的人与祖宗无德有关，孝敬顺从的人与向贤德之人学习有关。

【小白新读】

人生的第一所学校是家庭，第一任老师是父母，家庭教育优先于课堂教育。社会固然也能给人们带来影响，但仍在家庭和学校之后。想要成为有德之人，关键是找到真正的圣者贤达，把他们当作榜样，依样画葫芦，学习模仿，最终成为德行与他们一致的人。

大家做事寻常，小家做事慌张。

大家礼义教子弟，小家凶恶训儿郎。

【释义】

大户人家把做事看得很平常，小户人家做起事来慌里慌张。大方之家用礼义教导子弟，小户人家只知道用恶言训斥儿孙。

【小白新读】

教育孩子，要有耐心。言传身教，动之以情，晓之以理，以礼义廉耻来教导。光要求孩子，不自我要求，一味地责骂，会让孩子产生抵触心理，于孩子的成长无益。

但存方寸土，留与子孙耕。

【释义】

农耕时期，土地是农民赖以生存的资源，是农民的宝贝，也是祖祖辈辈留给后代的最好遗产。过去，丢什么也不能丢了土地。

【小白新读】

做人做事要留后路，千万不能做绝了，要广积阴德，福庇子孙。"方寸地"在这里可以指良心，也就是说为人要心地善良，存好心，做好事，这样留下的福泽才能真正有益后代。

教子教孙须教义，栽桑栽柘少栽花。

【释义】

教育子孙后代一定要注重内在品格，不能只重视外表，就像农民也会多种桑树、柘树这样有价值的经济作物，而不是种只能观赏的花一样。

【小白新读】

农耕时期，有田有地，才有一家的粮食收成，为了解决基本的生活问题，要栽种桑树、柘树这样有用的植物，而不是花花草草这样更注重观赏价值的植物。教育孩子也是同样的道理，除了要教会基本的独立生活能力外，更要教他礼义等重要的为人处世观念。

做人做事要多笃实，少虚浮。卓越的人不慕浮华，不虚有其表；有修养的人，注重实际，致力实干。想要避免孩子养成图虚名、务虚功的恶习，首先要引导他们学会反省，经常观察自身是否存在这样的问题，然后在每次做事时，调整动机和发心，对每一次的言行乃至心念，承担百分之百的责任，以此养成做实事、说实话的好习惯。

> 劝君莫将油炒菜，留与儿孙夜读书。
> 书中自有千钟粟，书中自有颜如玉。

【释义】

家里的油不要全拿去炒菜做饭，留一些给孩子夜间点灯读书。只要能够刻苦读书，一切功名富贵、华屋美人都能从中获得。

【小白新读】

家长在生活的其他方面可以节约，但儿女的教育不能节约。如今虽然大家都有了更便利的生活条件，但为了孩子的长远发展，也需要在经济上为孩子储蓄教育基金，在规划上替孩子的学习成长考虑得更周全。

当然，优秀的孩子并非全然靠资本和金钱培养。每个孩子都是独特的天使，天赋、兴趣各不相同。家长可以结合实际情况，帮助孩子筛选探索，无须盲目攀比。教育孩子，没有一套绝对的标准，也没有一条可以照着走的路。一路行走，一路发现，一路反省，一路成长，不也是陪孩子长大的乐趣所在吗？

> **孝顺还生孝顺子，忤逆还生忤逆儿。**
> **不信但看檐前水，点点滴滴旧窝池。**

【释义】

孝顺的人，生的孩子也孝顺；不顺从的人，生的孩子也是逆子。如果不相信，你可以去看看屋檐前的水滴，它们一点一滴都滴在原来的池窝里。

【小白新读】

优良家风可以传承后代。每个人都是从儿女开始，然后才能成为父母，成为祖父母。所谓家风家训，并非落于纸头的文字，也非落于口舌的言谈，唯有通过一代又一代人的身体力行，方能成为血液真正深入家族体系，甚至影响更多的人。

父母的成长经历、所言所行、道德修养，都是儿女的榜样。家风的传承，固然需要讲述，但更多地要靠实践，让下一代耳濡目染。父母要从自身做起，真正成为孩子们的好榜样。延续好家风，才能真正泽惠后代。

点亮《增广贤文》的传世心灯

　　随世之德，人心既深变，《增广贤文》又名《昔时贤文》《古今贤文》，意所不能适拔，然大抵多言俗情俗之异，风俗在当存，足以反击学也。

　　《增广贤文》，系明朝成化十年儒学教授，广东高州府张增广进士所著，原作在岭南区域广泛传读。明朝万历年间，汤显祖贬官到广东徐闻做典史官时发现摘录，并在其著作《牡丹亭》一书里提及。

　　后有清代儒生周希陶相继增补，改成今众读本。

　　《增广贤文》文字浅显而意深，盖由流行广凡诸鄙语及古文章深含小意之说同编而成。

　　书有生活哲理甚多，譬如"世上万般皆下品，思量惟有读书高"（意为读书明理开悟能为国家出力能为祖宗家族争光能为自我成功），"为官须作相，及第必争先"（意为当官要心怀大志，读书考试必须争先），"害人之心不可有，防人之心不可无"（意为做人要行大道德，反之者要提防之）。共事宜易切，然亦不能无所垂，与他蒙学大义，垂见朕书，习读不同,《增广贤文》宝为人绪承,是人生聪明之传承也。

岂与此《增广贤文》所读,事尤深。有大名僧,上至王侯公卿,下至贩夫、灶妇往往吟几则,奉为人上者,由是有能焉。前常见《增广贤文》通本可四千多字,以韵文集历代先贤之名策、立格律,盖礼仪、典章文物、为人、读书修身、性命感悟诸方,其中多言承选自儒释经典、先贤、书典、诗文等赋之属,其文马之制,有自来矣,本书作者应为中国百姓小孩学习为人处世知识之著述。

既兼中国蒙教之材,又观中国之文简读之本,愈今修身立而教行,极可一读,于其一则可见,中国五千余年之文明史,中华非徒文章也,中国之意常在熏陶下渐成。

今编《增广贤文传世智慧》是为传承传统国学之精髓,点亮智慧心灯。

愿成为家族传承的枕边之书,教诲当世子弟,同沾喜悦。

张国勇

2024年6月28日

(张国勇,原广州番禺执信中学顾问、总校长助理)